Elternratgeber Zweisprachigkeit

Anja Leist-Villis

Elternratgeber Zweisprachigkeit

Informationen & Tipps
zur zweisprachigen Entwicklung und
Erziehung von Kindern

Mit einem Geleitwort von Hans H. Reich

3. Auflage

STAUFFENBURG
VERLAG

Bibliografische Information der Deutschen Nationalbibliothek

Die Deutsche Nationalbibliothek verzeichnet diese Publikation in der Deutschen Nationalbibliografie; detaillierte bibliografische Daten sind im Internet über <http://dnb.ddb.de> abrufbar.

Mit Illustrationen von Ursula Arndt

3. Auflage 2009
2. Auflage 2008
1. Auflage 2008

Postfach 2525 · D-72015 Tübingen
www.stauffenburg.de

Gedruckt auf säurefreiem und alterungsbeständigem Bilderdruckpapier.

Printed in Germany

ISBN 978-3-86057-015-9

Inhalt

Geleitwort

Dass die Kinder sich zuhause fühlen in der Welt der Familie, dass sie erfolgreich sind in der Schule und zurechtkommen in den Gesellschaften, in die sie hineingeboren wurden oder denen sie sich eines Tages anschließen werden – welche Eltern würden das nicht wollen? Sie sind stark, diese Wünsche, denn dabei verbinden sich die Pläne und Hoffnungen für die Kinder fast immer auch mit Wünschen für sich selbst.

Für viele Eltern bedeutet dies, die Kinder nicht nur in einer Sprache zu erziehen, sondern in der Sprache des Vaters und der Sprache der Mutter, oder in der Sprache der Familie und der Sprache der Umgebung, in der Sprache der Herkunft und der Sprache der Bildung, in der Sprache des gegenwärtigen und eines möglichen künftigen Lebenskreises. Nur einige von ihnen haben eine solche Erziehung selbst erfahren, manchmal gibt es Streit darüber in der Familie, oft gehen die Meinungen im Bekanntenkreis auseinander, manchmal widersprechen sich sogar pädagogische und medizinische Autoritäten. Das erzeugt Unsicherheit und Fragen, Befürchtungen und Enttäuschungen und immer wieder: Gespräche über Sprache und Spracherziehung. Alle, die mit zweisprachig erziehenden Eltern in näheren Kontakt kommen, kennen diese Gespräche gut. Sie müssen achtsam sein, die Unsicherheit nicht zu vermehren.

Dieses Gebot der Achtsamkeit gilt in besonderem Maße für diejenigen, die auch institutionell Mitverantwortung tragen – Erzieherinnen und Erzieher, Lehrerinnen und Lehrer, Kinderärzte und Logopäden. Ebenso wie die Eltern selbst sind sie Adressaten des vorliegenden Buches, dessen Ziel es ist, Unsicherheiten zu vermindern, indem es anleitet zu selbständigem Durchdenken der Erziehungssituationen und selbstverantworteten Entscheidungen.

Die Darstellung ist wissenschaftlich fundiert, Forschungsliteratur auf dem aktuellen Stand eingearbeitet. Man wird darin weder emotionale Meinungsäußerungen noch Anweisungen in Häppchen-Form finden, sondern Informationen und Erklärungen, auf denen Schlussfolgerungen aufbauen, und Argumentationen, die auf viele Einzelfälle anzuwenden sind und deswegen fallgerechte Entscheidungen ermöglichen. Die Wege zu den konkreten Entscheidungen sind gut markiert. Illustrationen und reale Beispiele – viele davon aus eigenen Untersuchungen der Verfasserin – sorgen zusätzlich für Orientierung und Anschaulichkeit. Darum lohnt sich eine zusammenhängende Lektüre.

Nirgends wird die Kompetenz der Eltern übersprungen, aber auch nirgends im Ungefähren belassen. Die Zwänge, unter denen sie handeln müssen, aber auch die Spielräume, die ihnen offen stehen, und die Verantwortung, die sie zu tragen haben, werden ebenso ernst genommen wie die Gefühle, Gedanken und Fähigkeiten der Kinder. Die Einfühlung der Verfasserin gilt beiden Generationen. Spracherziehung wird als eine gemeinsame Leistung, besser: als ein Stück gemeinsamer Lebensgeschichte der Generationen begriffen. Schade, dass die Kinder selbst dieses Buch noch nicht lesen können! Gut aber, dass hier ein Buch für die Eltern und all die vielen erwachsenen Miterzieher vorliegt, das verstehbar macht, wie zweisprachige Erziehung gelingen kann, und Mut macht, es zu versuchen.

Prof. Dr. Hans H. Reich
Universität Landau
Arbeitsbereich Interkulturelle Bildung
im April 2008

Einleitung und Hinweise zum Lesen

Zweisprachigkeit stellt heutzutage längst keine Ausnahme mehr dar. Immer häufiger entstehen zweisprachige Lebensräume, in die Kinder hineingeboren werden. Hier einige Zahlen für Deutschland:

- 2005 waren 7,5% aller Ehen binational (1991: 3%, 2001: 4,5%). In jeder siebten Ehe, die 2005 neu geschlossen wurde, war *einer* der Partner nichtdeutscher Herkunft, und ebenfalls in jeder siebten Ehe waren *beide* Partner nichtdeutscher Herkunft.

- Im Jahr 2005 lebten 13% aller Kinder unter sechs Jahren in binationalen Familien, weitere 13% in Familien mit zwei Partnern nichtdeutscher Herkunft.

Insgesamt wuchs somit in Deutschland im Jahr 2005 *ein Viertel aller unter sechsjährigen Kinder* potentiell zweisprachig auf![1] *Potentiell* – denn in wie vielen Familien tatsächlich zweisprachig gelebt wird, dazu gibt es keine genauen Angaben.

Trotz ihrer Verbreitung gibt es nach wie vor viele Unsicherheiten, Fragen, Vorurteile und Schwierigkeiten im Umgang mit Zweisprachigkeit. Viele von ihnen werden in diesem Buch aufgegriffen. Es wendet sich in erster Linie an zweisprachig erziehende Eltern, aber auch an die Freunde und Verwandten zweisprachiger Familien und nicht zuletzt an pädagogische und medizinische Fachkräfte, die beruflich mit zweisprachigen Kindern und ihren Eltern zu tun haben.

Die Kapitel bestehen zumeist aus zwei Teilen: Im ersten Abschnitt werden Informationen zu einzelnen Themenbereichen der frühkindlichen Zweisprachigkeit gegeben. So wird ein Hintergrundwissen vermittelt, aus dem Sie mehr Sicherheit schöpfen können – für die Einschätzung Ihrer eigenen Situation, im Umgang mit Vorurteilen und in der Gestaltung der zweisprachigen Erziehung. Im zweiten Abschnitt werden konkrete Tipps formuliert, die – anders als etwa Kochrezepte – weniger aus direkten Anleitungen bestehen. Das wäre auch nicht möglich, denn die *individuellen Rahmenbedingungen*, unter denen sich zweisprachige Entwicklung und Erziehung vollziehen, sind so vielfältig, dass pauschale Ratschläge in vielen Fällen nicht passen würden. Es werden daher Anregungen gegeben, wie Sie die zweisprachige Erziehung *bewusst* und entsprechend Ihrer ganz persönlichen Gegebenheiten gestalten können. Vorab einige Hinweise zum Lesen:

- Ein Elternratgeber ist praxisnah – und steckt dennoch voller Wissenschaft! Damit Sie nachvollziehen können, woher die dargestellten Erkenntnisse stammen, verweisen *Endnoten* auf die entsprechende Literatur. Die vollständigen Angaben und weitere Literaturempfehlungen sind in Kapitel 4 aufgelistet.

- Das Symbol ☺ kennzeichnet Zitate aus zwei Arbeiten der Autorin dieses Ratgebers. Aussagen von Kindern sind einer kleinen Untersuchung in einem griechisch-deutschen Kindergarten in Athen entnommen.[2] Die übrigen Zitate stammen aus einhundert Interviews mit Müttern, die in griechisch-deutschen Familien jeweils die Nichtumgebungssprache sprachen – also von griechischen Müttern in Deutschland und deutschen Müttern in Griechenland.[3] Die Fragen bezogen sich auf die zweisprachige Entwicklung und Erziehung ihrer Kinder bis zum Schuleintritt.

- Die meisten *Beispiele* in diesem Buch stammen also aus griechisch-deutschen Familien. Nichtsdestoweniger sind sie auf *andere Sprachkombinationen* übertragbar – gerade auch auf solche, die nicht aus den „großen Weltsprachen“ bestehen.

- *Altersangaben* lesen sich wie folgt: 5;3 = 5 Jahre und 3 Monate.

- Schließlich soll an dieser Stelle für die häufig wiederkehrenden Begriffe *Umgebungssprache* (z.B. Deutsch in Deutschland) bzw. *Nichtumgebungssprache* (z.B. Griechisch in Deutschland) um Entschuldigung gebeten werden. Sie sind alles andere als schön, bezeichnen aber neutral etwas, das sonst wiederholt und umständlich anhand von Beispielen erläutert werden müsste.

1 „Man braucht in Europa Sprachen – je mehr, desto besser.“ Zweisprachige Entwicklung

„Man braucht in Europa Sprachen – je mehr, desto besser.“ Diese deutsche Mutter, die mit ihrem griechischen Mann in Griechenland lebt, sieht es als Glücksfall, dass ihre Kinder zweisprachig aufwachsen. Leider sind nicht alle Menschen dieser Überzeugung, im Gegenteil sind *Vorurteile* gegenüber Zweisprachigkeit noch immer weit verbreitet. Untersuchungen weisen jedoch auf ihre *positiven* Auswirkungen hin. Zunächst aber zu der Frage: Was ist eigentlich *Zweisprachigkeit*?

1.1 Was ist Sprache?

Was ist eigentlich gemeint, wenn von *Sprach*erwerb, Zwei*sprach*igkeit oder *Sprach*förderung die Rede ist? Was ist Sprache? Die umfassende Beantwortung dieser Frage würde Bände füllen – hier soll es genügen, die wesentlichen Funktionen und Elemente gesprochener Sprache zu betrachten. Zum Einstieg eine klassische Definition des Linguisten Edward Sapir:

> „Sprache ist eine ausschließlich dem Menschen eigene, nicht im Instinkt wurzelnde Methode zur Übermittlung von Gedanken, Gefühlen und Wünschen mittels eines Systems von frei geschaffenen Symbolen.“ [4]

Mit anderen Worten: Sprache ist dem Menschen nicht angeboren, sondern wird im Laufe der Entwicklung erworben (wie, das ist in Kapitel 2.1 beschrieben). Die Funktion von Sprache ist die Mitteilung von Gedanken, Gefühlen und Wünschen. Sprache besteht aus Symbolen für Gegenstände, Handlungen, Eigenschaften usw. Diese zunächst noch etwas abstrakt wirkenden Gedanken werden in den folgenden Abschnitten mit Leben gefüllt.

Funktionen der Sprache

Gedanken werden (mündlich oder schriftlich) durch Sprache mitgeteilt – ohne Sprache könnten so grundlegende Dinge wie Politik, Bildung oder Wissenschaft nicht bestehen. Kleine Kinder haben für Derartiges natürlich noch kein Interesse. Die Gedanken, die sie aussprechen, sind häufig an sich selbst gerichtet und eher als „lautes Denken" zu verstehen. Auch ist die Fähigkeit, abstrakte Diskussionen zu führen, noch nicht entwickelt. Das Äußern von Gefühlen und Wünschen hingegen ist für Kinder überaus wichtig. Bereits ab ihrer Geburt teilen sie diese mit, z.B. durch unterschiedliche Arten des Weinens oder durch Gestik und Mimik. Im Verlauf der kindlichen Entwicklung übernimmt Sprache immer mehr diese Funktion. Während ein Kind im Alter von zwölf Monaten auf seine Flasche zeigt, wenn es etwas trinken möchte, sagt es ein halbes Jahr später dabei „Saft!". Mit drei Jahren verzichtet es vielleicht ganz auf die Geste und sagt: „Ich will was trinken!". Bekommt das Kind nun einen Becher Saft, macht es die für den Spracherwerb überaus bedeutsame und motivierende Erfahrung, dass es durch Sprache etwas bewegen und erreichen kann. Im weiteren Verlauf seiner Entwicklung wird das Kind mit Sprache experimentieren, und so immer besser lernen, *wie* es sie am besten einsetzen kann. Es wird die Erfahrung machen, dass allein „Saft!" zu sagen, nicht ausreicht, um etwas zu trinken zu bekommen, denn: Das könnte ja auch einfach bedeuten: „Guck mal, da ist Saft!" oder „Ich habe eben Saft getrunken!". „Ich will Saft!" führt am ehesten zum Ziel.

Kommunikation / soziale Interaktion / sich mitzuteilen – sich also nach *außen* zu richten – dies ist ein zentraler Funktionsbereich von Sprache. Aber auch *innerhalb* des Menschen spielt sie eine wichtige Rolle, denn sie ist ein wichtiges Instrument des Denkens. Gedanken, Ideen, die Planung von Handlungen entstehen durch innere Sprache, Erfahrungen und Wissensinhalte werden durch sie geordnet und gespeichert. Natürlich hinterlassen Erfahrungen in der Erinnerung auch sinnliche Eindrücke, z.B. Bilder, Emotionen, Gerüche. Aber je differenzierter und bewusster Erfahrungen sind, desto eher werden sie *sprachlich* gespeichert, vorausgesetzt natürlich, es ist ein ausreichender Wortschatz dafür vorhanden. Und wenn nicht? Schränken fehlende Worte die Denkfähigkeit ein, beeinflusst gar unsere Muttersprache unser Denken? Oder ist es umgekehrt – prägt die Art, wie wir die Dinge wahrnehmen, unsere Sprache? Die Diskussion über den Zusammenhang von Sprache und Denken ist alt, und wie so oft bei gegenläufigen Meinungen steckt in beiden Wahrheit: Die Tatsache, dass es uns manchmal schwer fällt, unsere Gedanken in Worte zu fassen, zeigt, dass wir auch losgelöst von Sprache denken, bzw. dass das Denken eben doch aus mehr besteht, als nur aus Sprache. Oder, wie Antoine de Saint-Exupéry[5] es einmal ausdrückte:

> „Die Sprache ist ein unvollkommenes Werkzeug. Die Probleme des Lebens sprengen alle Formulierungen."

Andererseits gibt es jedoch viele Begriffe, die durch Sprache überhaupt erst entstehen, so z.B. Freiheit oder Leben. Sprache befähigt also dazu, in abstrakten Kategorien zu denken und ermöglicht es, Erfahrungen in diese einzuordnen. Auch der Erwerb neuer Wörter für ganz konkrete Dinge, z.B. Tiere oder Pflanzen, kann gleichzeitig die Wahrnehmung verfeinern.

Beispiele für die enge Verknüpfung von Sprache und Wahrnehmung / Denken finden sich in der kindlichen Entwicklung viele: Kinder neigen z.B. im Verlauf des Spracherwerbs dazu, die Bedeutung von Wörtern zu überdehnen: Ein Kind, welches das Wort *Hund* erworben hat, nennt u.U. eine Zeitlang alle vierbeinigen Tiere *Hund*. Eines Tages nimmt es Unterschiede zwischen einem Hund und einem Pferd wahr. Es fragt: „Was ist das?" Antwort: „Das ist ein Pferd!". Oder genau umgekehrt: Das Kind hört ein neues Wort, kennt seine Bedeutung nicht, fragt: „Was ist ein ‚Pferd'?" und bekommt ein Pferd gezeigt. Nun wird es vielleicht vierbeinige *große* Tiere unter *Pferd* und *kleinere* unter *Hund* einordnen, so lange, bis es weitere Unterscheidungen wahrnehmen und bezeichnen kann, wie z.B. Pony / Kuh / Elefant / oder Dackel / Schäferhund. Übrigens durchlaufen auch Erwachsene genau dieselben Prozesse: Wir nehmen *Tannen* als *Tannen* wahr, bis wir eines Tages bei einigen Tannen eine Blaufärbung feststellen und auf Nachfrage erfahren: „Das sind Blautannen.“. Oder aber: Wir hören das Wort *Blautanne* zum ersten Mal, und stellen anschließend bei einem Spaziergang fest, dass es tatsächlich Tannen mit bläulich gefärbten Nadeln gibt. Sprache und Wahrnehmung / Denken sind also untrennbar miteinander verknüpft.

Woraus besteht gesprochene Sprache?

Aus welchen Elementen besteht nun gesprochene Sprache? Nun, zunächst einmal natürlich aus Worten. Sie sind *lautliche Symbole* für Gegenstände, Handlungen, Eigenschaften. Das Wort *Hund* sieht – wie der Sprachwissenschaftler Steven Pinker[6] treffend bemerkt – nicht aus wie ein Hund, geht nicht wie ein Hund und knurrt nicht wie ein Hund. Warum wissen wir dennoch, was gemeint ist? Weil wir im Laufe unserer Entwicklung das Wort *Hund* mit wirklichen Hunden verknüpft haben. Wer die Symbole einer Sprache nicht kennt, kann diese Sprache weder verstehen noch sprechen. Aber allein auf der Basis von Wortkenntnis ist Kommunikation auch nur eingeschränkt möglich, wie folgendes Beispiel zeigt:

Hund beißt Mann.   Mann beißt Hund.

Zweimal dieselben Wörter – und doch völlig unterschiedliche Bedeutungen! Sie kommen durch die Grammatik zustande. Regeln der Satzstellung, der Verbbeugung, der Deklination usw. machen es erst möglich, ein Verhältnis zwischen den Wörtern herzustellen, und Zusammenhänge oder Ereignisse sprachlich auszudrücken.

In der gesprochenen Sprache spielt auch die *Aussprache* eine entscheidende Rolle, da Wörter ja *lautliche* Symbole sind. Dazu ein Beispiel:

Erwachsener: „Ist das dein *Fis*?"
Kind: „Nein, das ist mein *Fis*."

Erwachsener: „Ist das dein *Fis*?"
Kind: „Nein, das ist mein *Fis*."

Dann:
Erwachsener: „Ist das dein *Fisch*?"
Kind freut sich: „Ja, das ist mein *Fis*."[7]

Die Aussprache bestimmt die Wortbedeutung – diese kann bereits durch einen Laut verändert werden: Ein *Fisch* ist ein Tier und damit etwas ganz anderes als der Halbton *Fis*. Auch das Kind nimmt den unterschiedlichen Klang der beiden Wörter wahr, und weiß ganz genau: es muss Fi*sch* heißen. Es ist jedoch selbst noch nicht dazu in der Lage, diesen Laut richtig zu produzieren. Die Wahrnehmung und das Verstehen entwickeln sich also *vor* der Produktion. Dieses Prinzip trifft übrigens auf das Sprachverständnis generell zu. Kinder verstehen mehr, als sie selbst ausdrücken können. Der passive Wortschatz ist größer als der aktive, übrigens auch bei Erwachsenen. Das wird deutlich, wenn jemand ein Lied in englischer Sprache zwar vollständig versteht, aber dennoch nicht alle Wörter dieses Liedes in einem Gespräch selbst verwenden könnte.

Bereits in den ersten zwei Lebensjahren wird die Aussprache erworben und festgelegt. Während Kinder im Alter von sechs Monaten noch dazu in der Lage sind, die Laute aller Sprachen der Welt wahrzunehmen, setzt mit zehn Monaten eine Konzentration auf die Muttersprache(n) ein. Damit wird auch die Fähigkeit, unterschiedliche Laute zu *produzieren*, eingeschränkt. Würde das Kind den Unterschied zwischen Fisch und Fis nicht hören, so wäre es kaum dazu in der Lage, irgendwann das *sch* auszusprechen Hier gilt also: Je früher der Kontakt zu einer Sprache, desto besser wird ihre Aussprache erworben (mehr dazu in Kapitel 2.1).

Sprachen haben auch charakteristische Melodien und Betonungen. So fällt z.B. beim Rufen nach einer Person im Deutschen die Melodie am Ende ab: Mariíía! im Griechischen nicht: Marííáá! Insgesamt ist die Melodie der griechischen Sprache – wie die vieler anderer südländischer Sprachen auch – wesentlich lebhafter als die deutsche. Auch Betonung und Melodie werden bereits im frühen Kindesalter erworben. Sie können sich aber in Laufe der Zeit verändern. Hält sich z.B. eine Person lange im Ausland auf, kann sich ihre Sprachmelodie der dortigen Landessprache angleichen.

Schließlich gehören zur gesprochenen Sprache Gestik und Mimik, die sogenannten nonverbalen Elemente. Gefühle werden durch Mimik auf der ganzen Welt in gleicher Weise ausgedrückt, ein trauriges Gesicht wird überall als solches wahrgenommen, ebenso ein fröhliches. Die Mimik für Gefühle ist also angeboren. Anders verhält es sich mit Gesten, die eine bestimmte Bedeutung haben, also z.B. Verneinung oder Bejahung ausdrücken. Sie können je nach Sprache ganz verschieden sein. Im Griechischen beispielsweise wird Verneinung durch die drei Komponenten Augenbrauen hochziehen – Kopf nach hinten bewegen – mit der Zunge schnalzen ausgedrückt. Die Kopfbewegung ähnelt dem deutschen Nicken, weshalb es hier zu Missverständnissen kommen kann. Unterschiede gibt es auch hinsichtlich des grundsätzlichen Gebrauchs von Gestik und Mimik. In der deutschen Sprache z.B. ist die Gestik eher verhalten, in der griechischen ist sie ein zentraler Bestandteil der Kommunikation.

Für Kinder haben Gestik und Mimik eine größere Bedeutung als für Erwachsene. Und das ist auch ganz natürlich, denn (wie am Anfang dieses Kapitels gezeigt) Kinder teilen sich von Geburt an durch Gestik und Mimik mit. Erst mit der Zeit kommt das gesprochene Wort dazu. Kinder kommunizieren bis zum Alter von ca. fünf Jahren mehr auf der nonverbalen, als auf der verbalen Ebene.[8]

Noch etwas anderes spielt in der gesprochenen Sprache eine wichtige Rolle. Stellen Sie sich ein kleines Kind vor, das auf einen korpulenten Mann zeigt und laut sagt: „Guck mal, der ist aber dick!“. Es hat sich sowohl der Wortwahl und Grammatik als auch der Aussprache und Gestik korrekt bedient – und wird dennoch kein Lob für seine Äußerung ernten, denn: In zwischenmenschlicher Kommunikation sind auch sprachkulturelle Regeln von Bedeutung: Was darf man sagen, und was nicht? Wie begrüßt man sich unter welchen Umständen? Wie nahe kommt man seinem Gegenüber im Gespräch? Die Antworten auf diese Fragen können natürlich je nach individueller Persönlichkeit, aber eben auch je nach sprachkulturellem Hintergrund sehr unterschiedlich ausfallen. Übrigens werden uns diese kulturellen Regeln der Kommunikation meist erst dann bewusst, wenn jemand dagegen verstößt, wenn uns also z.B. ein unbekannter Franzose – aus unserer individuellen, aber auch „deutschen" Sicht unangemessen – mit Küsschen begrüßt, oder uns ein ebenfalls unbekannter Grieche ausgiebig nach unseren familiären Verhältnissen befragt.

Memo: Was ist Sprache?

- ▷ Sprachkompetenz bedeutet, Sprache zu verstehen und zu produzieren. Das Sprachverstehen entwickelt sich *vor* der Produktion.

- ▷ Erfahrungen werden sinnlich, vor allem aber durch Sprache gespeichert. Sprache ist also ein *inneres Ordnungsmittel*. Sprach- und Denkprozesse beeinflussen und unterstützen sich gegenseitig.

- ▷ Eine weitere Funktion von Sprache ist die *soziale Interaktion*, also andere zu verstehen und sich selbst mitzuteilen.

Gesprochene Sprache besteht aus:

- ▷ Wörtern, sie sind lautliche Symbole für Gegenstände, Handlungen, Eigenschaften usw.
- ▷ Grammatik, die das Verhältnis der Wörter untereinander regelt. Durch eine einfache Aneinanderreihung von Wörtern wäre Verständigung kaum möglich.
- ▷ Aussprache und Melodie einer Sprache, sie werden bereits innerhalb der ersten zwei Lebensjahre erworben.
- ▷ Gestik und Mimik, sie spielen eine besonders wichtige Rolle für Kinder und können sich je nach Sprache erheblich unterscheiden.
- ▷ Kulturellen Regeln der Kommunikation, die je nach Persönlichkeit, aber auch je nach Sprache sehr verschieden sein können.
- ▷ Kinder, die von Geburt an zweisprachig aufwachsen, erwerben also nicht nur zwei Verbalsprachen, sondern auch zwei Systeme von Aussprache und Sprachmelodie, Gestik und Mimik sowie kulturellen Regeln der Kommunikation.

1.2 Formen der Zweisprachigkeit

Was ist nun *Zwei*sprachigkeit? Zunächst einmal natürlich die Fähigkeit, in *zwei* Sprachen zu denken und zu kommunizieren. Grundlage dafür ist die Beherrschung von Wortschatz, Grammatik, Aussprache, Melodie,

Gestik und Mimik *beider* Sprachen. Hier treten aber auch schon die ersten Fragen auf: Wie gut sollte ein Mensch seine Sprachen beherrschen, damit er als zweisprachig bezeichnet werden kann? Bedeutet Zweisprachigkeit tatsächlich bloß: Zweimal Wortschatz und zweimal Grammatik? Oder entsteht hier vielleicht eine besondere Sprachkompetenz, die über die Summe der Sprachen hinaus geht? Diese Aspekte werden in Kapitel 1.3 diskutiert. Eine andere Frage betrifft den Rahmen, in dem die Zweisprachigkeit erworben wird: Wie sind die Sprachen im Umfeld des Kindes verteilt? Erwirbt es die Sprachen gleichzeitig oder nacheinander, in natürlicher Kommunikation oder durch gezielte Vermittlung? In diese Unterscheidungen fließen individuelle Faktoren wie z.B. die Spracherziehungsmethode der Eltern oder das Verhalten des sozialen Umfeldes noch nicht ein. Und doch zeigen die folgenden Beispiele bereits sehr deutlich: Zweisprachigkeit ist nicht gleich Zweisprachigkeit!

Ein- oder mehrsprachige Gesellschaft?

- Christiane lebt in Luxemburg. Ihre Muttersprache ist Luxemburgisch. Im Kindergarten lernt sie Deutsch hinzu. Die meisten Luxemburger sprechen fließend Deutsch.

- Bettinas Muttersprache ist auch Luxemburgisch. Sie lebt in Deutschland und besucht einen deutschsprachigen Kindergarten. Sie ist das einzige luxemburgische Kind dort.

Wächst ein Kind in Luxemburg mit Luxemburgisch und Deutsch auf, so erwirbt es diese Sprachen unter den Bedingungen der *gesellschaftlichen Zweisprachigkeit*. In zwei- / mehrsprachigen Ländern oder Gemeinden gibt es nicht nur eine, sondern mehrere offizielle Amtssprachen. Diese sind in der Öffentlichkeit, in den Medien usw. präsent und natürlich auch akzeptiert, in Kindergarten und Schule werden sie gefördert. Somit gibt es vielfältige Möglichkeiten der Verwendung beider Sprachen. Zwei- bzw. Mehrsprachigkeit wird selbstverständlich im Alltag gelebt – es wird als etwas ganz normales angesehen, mehr als eine Sprache zu sprechen.

Dagegen ist in einem Land, in dem es nur *eine* offizielle Amtssprache gibt, auch nur diese selbstverständlich im öffentlichen Leben und im Bildungssystem präsent und wird gefördert. Zwei- oder Mehrsprachigkeit wird als Ausnahme wahrgenommen und auch so behandelt – nicht selten werden Vorurteile oder negative Meinungen geäußert. Dies gilt übrigens auch für Dialekte.

Betrachtet man die Bevölkerung in offiziell ein- oder mehrsprachigen Ländern, stellt man fest, dass es kaum noch Gesellschaften gibt, in denen tatsächlich nur die offiziellen Landessprachen gesprochen werden. Vielmehr leben meist Menschen zusammen, die viele verschiedene Sprachen sprechen. Wie aber wird mit diesen „Nicht-Landessprachen" umgegangen? Dies hängt u.a. ab von:

- Dem Ansehen der Sprache
  Englisch ist in Deutschland gemeinhin als wertvolle und damit erlernenswerte Sprache angesehen, Luxemburgisch, Polnisch, Mandarin usw. dagegen kaum (siehe ausführlich Kapitel 1.4).

- Der Verbreitung der Sprache
  In Deutschland beziehen sich die meisten Initiativen und Modellprojekte, die sich mit Förderung der Mehrsprachigkeit beschäftigen, auf die türkische Sprache.

- Dem Engagement der Sprecher selbst
  Indem etwa die Spanier einer Stadt eine Elterninitiative gründen und so eine spanisch-deutsche Kindertagesstätte einrichten, ermöglichen sie die zweisprachige Förderung ihrer Kinder. Das bedeutet natürlich nicht automatisch, dass diese Sprache auch auf Länderebene stärker respektiert oder gefördert wird.

Übrigens sind selbst vermeintlich einsprachige Menschen selten wirklich einsprachig, denn die meisten beherrschen mehrere sogenannte

Varietäten ihrer Sprache: In der Kneipe wird anders gesprochen als in einem Bewerbungsgespräch und die sprachlichen Gepflogenheiten in einer sms unterscheiden sich erheblich von denjenigen einer Steuererklärung. So gesehen ist also Einsprachigkeit in allen Gesellschaften eine absolute Ausnahme!

Mehrheiten- oder Minderheitensprache?

- Franks Muttersprache ist Deutsch. Sein Kindergarten nimmt an einem deutsch-französischen Erzieherinnen-Austausch teil. Neben der deutschen ist für einige Stunden in der Woche auch eine französische Erzieherin in der Gruppe. Sie spricht mit den Kindern nur französisch.

- Akua kommt aus Ghana. Ihre Muttersprache ist Akan. Im Kindergarten ist niemand, der diese Sprache spricht. Die Erzieherinnen und die anderen Kinder sprechen nur deutsch.

Ein deutschsprachiges Kind in Deutschland besucht einen Kindergarten, in dem auch die französische Sprache vermittelt wird. Die Muttersprache des Kindes ist also zugleich die *Mehrheitensprache* des Landes und nimmt daher im Kindergarten und im weiteren Umfeld den größten Raum ein. Das Kind kann seine bisherigen Sprachkenntnisse ohne Einschränkung weiter verwenden, es kann seine Bedürfnisse, Wünsche, Gedanken auf Deutsch ausdrücken und wird von den meisten Erzieherinnen und den Kindern verstanden. *Zusätzlich* kommt die französische Sprache hinzu – das Kind wird sie als etwas Neues, vielleicht Interessantes und Bereicherndes empfinden.

Ganz anders sieht es für das Kind aus Ghana im zweiten Beispiel aus. Seine Muttersprache ist eine *Minderheitensprache*. Bei Eintritt in den deutschen Kindergarten befindet es sich plötzlich in einem Umfeld, welches ihm zunächst völlig unbekannt und fremd ist. Das empfinden die meisten Kinder so. Für ein nichtdeutschsprachiges Kind kommt jedoch hinzu, dass hier permanent und ausschließlich eine Sprache gesprochen wird, die es nicht verstehen und nicht sprechen kann. Seine Muttersprache, in der es ja seine gesamte bisherige Entwicklung durchlaufen hat, kann dieses Kind hier überhaupt nicht verwenden.

Diese Erfahrung kann in unterschiedlich hohem Maße verunsichernd oder erschreckend sein – je nach Persönlichkeit des Kindes, den Bemühungen der Erzieherinnen und den Reaktionen der anderen Kinder. Grundsätzlich bedeutet dies einen weitaus größeren Einschnitt in die gesamte Entwicklung des Kindes, als es für das französisch lernende, deutsche Kind der Fall ist.

In einer Hinsicht jedoch hat das ghanaische Kind einen Vorteil: Dadurch, dass es sich in einem rein deutschsprachigen Umfeld befindet – man nennt dies übrigens *Immersion*, das Eintauchen in eine Sprache – ist der Kontakt zur deutschen Sprache sehr intensiv. Zudem spricht niemand seine Muttersprache. Damit es sich am Leben im Kindergarten aktiv beteiligen kann, ist es *notwendig*, die deutsche Sprache zu erwerben. Während zu erwarten ist, dass das deutsche Kind in der französischen Sprache kleine Sätze, Spiele oder Lieder lernen wird, ist es wahrscheinlich, dass das ghanaische Kind die deutsche Sprache in einigen Jahren recht umfassend wird verstehen und sprechen können.

Ein- oder zweisprachige Familie?

- Ali ist in Deutschland geboren. Seine Eltern sprechen mit ihm Türkisch. Im Kindergarten wird nur Deutsch gesprochen.

- Sarahs Mutter ist Engländerin, ihr Vater Deutscher. Beide Eltern sprechen mit ihr jeweils ihre Muttersprache. Sie besucht einen deutschen Kindergarten.

Wer spricht mit dem Kind welche Sprache? Das hängt zunächst von der Sprachkonstellation innerhalb der Familie ab. Ist die Muttersprache beider Elternteile eine Nichtumgebungssprache – z.B. Türkisch in Deutschland – wird ihr Kind die türkische Sprache als Familien- und die deutsche als Umgebungssprache erwerben. Je nachdem, ob das Kind außerhalb der Familie Kontakt zu deutschsprachigen Personen hat oder nicht, kann es sein, dass es bei Eintritt in den Kindergarten die deutsche Sprache kaum oder gar nicht verstehen bzw. sprechen kann. Das kann sowohl für das Kind, als auch für die Erzieherinnen zunächst eine große Herausforderung sein.

Im Unterschied dazu wächst das Kind im zweiten Beispiel von Geburt an mit der deutschen und der englischen Sprache auf, es wird also bei Eintritt in den Kindergarten keine Verständigungsprobleme haben. Mögliche Schwierigkeiten könnten hier zunächst innerhalb der Familie auftreten. So hängt die Konsequenz der Umsetzung der Methode *eine Person – eine Sprache* u.a. davon ab, wie gut der Vater die Sprache der Mutter versteht und umgekehrt, und welche Sprache die Eltern untereinander sprechen. Ausführlich ist all dies in Kapitel 3.2 erörtert.

Zweisprachige Entwicklung findet jedoch nicht nur innerhalb der Familie statt. Auch die sprachliche Zusammensetzung des weiteren sozialen Umfeldes ist von Bedeutung: Gibt es dort viele Menschen, die selbst zweisprachig sind oder die Nichtumgebungssprache sprechen? Sie spielen eine wichtige Rolle, denn durch sie hat das Kind auch außerhalb der Familie Gelegenheiten, die Nichtumgebungssprache zu hören und zu sprechen. Auch der Stellenwert der Sprachen wird durch die Menschen, die diese mit dem Kind sprechen, beeinflusst: Sind es z.B. sehr *viele* Menschen, die die Nichtumgebungssprache sprechen, und mit denen das Kind intensiven Kontakt hat? Oder sind es vielleicht nur einige wenige, zu denen aber eine *besonders enge Bindung* besteht? In beiden Fällen ist davon auszugehen, dass die Sprache für das Kind sehr wichtig sein wird (siehe dazu auch Kapitel 2.3).

Eng verknüpft mit der Sprachverteilung in der Familie und im Umfeld ist die Reihenfolge des Sprachenerwerbs:

Gleichzeitig oder nacheinander?

- Lukas hat eine griechische Mutter und einen deutschen Vater. Er ist von Geburt an mit beiden Sprachen aufgewachsen.

- Daniel ist in Polen mit der polnischen Sprache aufgewachsen. Im Alter von fünf Jahren ist er nach Deutschland gekommen, und besucht nun einen deutschsprachigen Kindergarten.

Wächst das Kind mit zwei Sprachen gleichzeitig von Geburt an auf, handelt es sich um die sogenannte *simultane* oder *frühkindliche Zweisprachigkeit*. Sie wird manchmal auch *paralleler Erstspracherwerb* genannt. Dieser Begriff erweckt allerdings den Eindruck, als würden zwei Sprachen parallel, also ohne Berührung und unabhängig voneinander erworben. Die Entwicklung der Zweisprachigkeit, der Sprachgebrauch Zweisprachiger, und auch ihr eigenes Empfinden zeigen jedoch, dass die Sprachen miteinander in Kontakt treten, sich also gegenseitig beeinflussen (ausführlich ist dies in Kapitel 1.3 und 2.2 beschrieben). In der frühkindlichen Zweisprachigkeit werden beide Sprachen wie Erst- oder Muttersprachen erworben (so, wie in Kapitel 2.1 gezeigt). Daher sind auch beide Sprachen von Geburt an unmittelbar mit der gesamten Entwicklung des Kindes verbunden.

Erwirbt ein Kind zuerst nur eine Sprache, und kommt die zweite Sprache später hinzu, spricht man von der *sukzessiven Zweisprachigkeit* oder vom *sukzessiven Zweitspracherwerb*. Hier hat das Kind bereits Erfahrungen mit und Wissen über Sprache gesammelt. Es weiß z.B., dass es durch Sprache etwas erreichen kann (auf den Arm genommen zu werden, etwas zu trinken zu bekommen), es hat Frage-Antwort-Dialoge geübt, emotionale Bindungen in seiner Sprache erlebt usw. Und schließlich hat es bereits ein Wissen über die Welt. Diese Entwicklungen muss das Kind in der Zweitsprache nicht noch einmal durchlaufen. Vielmehr bildet seine Muttersprache die *Grundlage* für den Erwerb der zweiten Sprache.

Das bedeutet aber *keinesfalls*, dass ein Kind zuerst seine Muttersprache gut beherrschen muss, bevor eine zweite Sprache hinzu kommen kann! Wichtig ist lediglich, dass die Muttersprache ihren Stellenwert nicht verliert. Ein türkischsprachiges Kind wird im Kindergarten die deutsche Sprache nicht *auf Kosten* seiner Muttersprache Türkisch erwerben, sondern nur mit *ihrer Unterstützung*. Schon allein deshalb ist der Ratschlag an die Eltern: *Sprechen Sie mit Ihrem Kind deutsch!* völlig falsch (viele weitere Gründe finden sich an unterschiedlichen Stellen in diesem Buch, z.B. in Kapitel 1.4 und 3.2). Das Kind wird den Eintritt in den Kindergarten und damit auch den Beginn des Deutscherwerbs als tiefen Bruch empfinden, wenn plötzlich seine Muttersprache infrage gestellt wird. Denn in ihr hat es ja seine *gesamte* bisherige Entwicklung durchlaufen!

Eine eindeutige Grenze zwischen frühkindlicher und sukzessiver Zweisprachigkeit lässt sich nicht festlegen. Grob könnte man sagen, dass sie bei etwa drei Jahren liegt, da sich nun die Art des Spracherwerbs allmählich verändert und bewusster wird (s. ausführlich weiter unten). Dennoch erwerben auch Kinder in diesem Alter Sprache noch in hohem Maße unbewusst, und das ist wiederum ein wesentliches Merkmal frühkindlicher Entwicklung. In einem engen Zusammenhang mit frühkindlicher bzw. sukzessiver Zweisprachigkeit steht also die Art des Erwerbs:

Natürlich oder gelenkt?

- Brittas Eltern sind einsprachig deutsch. In Brittas Kindergarten arbeitet auch eine englischsprachige Erzieherin. Eine Stunde pro Tag singt sie mit den Kindern englische Lieder und bringt ihnen Wörter anhand von Bildkarten bei.

Erwirbt das Kind die Sprachen in natürlichen Situationen, also z.B. in Kommunikation und im Spiel, so handelt es sich um einen *natürlichen Erwerb*. Die Verwendung von Sprache und auch ihr Erwerb sind hier unmittelbar mit dem Handeln und der Interaktion des Kindes verbunden. Im Gegensatz dazu steht der *gelenkte Erwerb*, in dem z.B. gezielt neue Vokabeln vorgesprochen, oder Grammatikregeln erklärt werden. Hier wird Sprache *als solche direkt* thematisiert. Während sich der natürliche Spracherwerb kleiner Kinder spielerisch, sozusagen nebenbei, unbewusst-intuitiv und zunächst ohne spürbare Anstrengung vollzieht (ausführlich ist dies in Kapitel 2.1 beschrieben), ist der gelenkte Erwerb mit bewusstem, explizitem Lernen verbunden.

Im Kindergarten sind häufig Mischformen anzutreffen: Einerseits wird durch die alltägliche Kommunikation („Wir gehen jetzt raus!" „Möchtest Du noch etwas trinken?") Sprache in natürlichen Situationen erworben. Andererseits wird vielleicht durch die Erzieherin angeregt, Sprachen der Gruppe zu vergleichen („Auf Deutsch hört sich das so an, auf Englisch anders"), oder grammatische Unsicherheiten werden direkt benannt („Heißt das wirklich geschneidet?"). In beiden Fällen wird der Spracherwerb also ein wenig von außen gelenkt. *Ein wenig* – dies entspricht auch genau den Erwerbsprozessen von Kindern im Kindergartenalter: Zwar beginnen sie mit ca. drei Jahren damit, zunehmend bewusst zu lernen, indem sie z.B. Sprachen miteinander vergleichen. Zweisprachigen Kindern wird in dieser Zeit bewusst, dass sie mit *zwei* Sprachen aufwachsen.[9] Daher sind Kinder in diesem Alter zunehmend empfänglich für das direkte Thematisieren von sprachbezogenen Themen. Dennoch macht es wenig Sinn, ihnen Sprache in einer Art „Sprachunterricht", also durch Vor- und Nachsprechen oder Üben von Grammatikregeln vermitteln zu wollen. Denn der unbewusst-intuitive Sprachenerwerb steht in diesem Alter noch klar im Vordergrund! Erst mit ca. zehn Jahren erlernen Kinder Sprache überwiegend bewusst, anhand ihrer bewussten denkerischen (und nicht länger unbewusst-sprachspezifischen) Fähigkeiten.

Nun ist es keinesfalls so, dass das explizite Lernen eines Tages das intuitive vollkommen ablöst. Beide Formen des Spracherwerbs spielen beim Lernen einer gesprochenen Sprache *immer* eine Rolle, jedoch kann die Gewichtung sehr unterschiedlich sein. Mit fortschreitender Entwicklung wird die Fähigkeit, Sprache unbewusst-intuitiv zu erwerben, zunehmend durch bewusste Prozesse überlagert. Erwachsene werden sich fast automatisch Gedanken über die Sprache machen, sie mit anderen Sprachen vergleichen oder versuchen, sich Regeln zu merken. Der unbewusst-intuitive Anteil hängt bei Erwachsenen zum einen ab von der persönlichen Art, zu lernen, und zum anderen von der Situation, in der eine Sprache erworben wird. Während des Aufenthaltes in einem Land, in dem die Sprache auch gleich in alltäglichen Situationen angewendet werden kann, sind die natürlichen Anteile höher, als im schulischen Fremdsprachenunterricht (das hängt natürlich auch von der jeweiligen Lehrmethode ab).

Insgesamt zeigt sich: *Die* Zweisprachigkeit gibt es nicht, vielmehr eine Vielzahl unterschiedlicher Bedingungen, unter denen Kinder zweisprachig aufwachsen. Es macht einen großen Unterschied, ob ein Kind in einer englisch-deutschen Familie von Geburt an zweisprachig aufwächst, viele englisch- und deutschsprachige Freunde hat und einen englisch-deutschen Kindergarten besucht, ob ein ghanaisches Kind mit Akan aufwächst und dann in einen rein deutschsprachigen Kindergarten kommt oder ob deutsche Eltern ihr Kind in einen Kindergarten schicken, in dem eine Stunde pro Tag Englisch vermittelt wird! Der Unterschied betrifft die Art und Weise, wie das Kind durch die zweisprachige Situation in seiner gesamten Entwicklung beeinflusst wird, welchen Stellenwert die Sprachen haben werden und mit welchem Erfolg sie das Kind erwerben wird.

Memo: Formen der Zweisprachigkeit

Die Zweisprachigkeit gibt es nicht. Es wird unterschieden zwischen:

- ▷ Zweisprachigkeit in (vermeintlich) *einsprachigen* und in *mehrsprachigen Gesellschaften.*

- ▷ Zweisprachigkeit, bei der die Muttersprache des Kindes eine *Mehrheitensprache* ist (z.B. Deutsch in Deutschland), oder aber eine *Minderheitensprache* (z.B. Akan in Deutschland).

- ▷ Zweisprachigkeit, die in einer *zweisprachigen Familie* erworben wird, weil die Eltern jeweils ihre Muttersprache mit dem Kind sprechen, und Zweisprachigkeit, in der die *Familiensprache eine andere als die Umgebungssprache* ist.

- ▷ der *frühkindlichen, simultanen* Zweisprachigkeit (beide Sprachen werden gleichzeitig erworben) und der *sukzessiven* Zweisprachigkeit (die zweite Sprache kommt später hinzu).

- ▷ dem unbewusst-intuitiven Sprachenerwerb in *natürlicher Kommunikation* bzw. dem bewussten Sprachenlernen durch *gelenkten Sprachunterricht.*

Tipps zu: Formen der Zweisprachigkeit

Um die eigene Situation besser einschätzen zu können, kann es hilfreich sein, sich die verschiedenen Formen von Zweisprachigkeit und ihre Besonderheiten, Vorteile, aber auch Schwierigkeiten, die auftreten können, bewusst zu machen.

Tipps für Eltern nichtdeutscher Muttersprache

Machen Sie sich die Merkmale Ihrer persönlichen Form der Zweisprachigkeit bewusst.

- ▷ Welche Vorteile, aber auch welche Schwierigkeiten sind für diese Form typisch und daher auch „normal"? Seien Sie sich dessen bewusst – sowohl in Ihrer eigenen Beurteilung des Verlaufs der zweisprachigen Entwicklung und Erziehung, als auch im Gespräch mit Bekannten, Verwandten, Erzieher/innen und Lehrer/innen.

- ▷ Welche Merkmale können Sie beeinflussen (z.B. Sprachkontakte außerhalb der Familie schaffen), welche nicht (z.B. die sprachliche Zusammensetzung der Gesellschaft, in der Sie leben)?

- ▷ Falls Sie selbst zweisprachig sind und daher die Möglichkeit haben, zu entscheiden, ob Sie ab der Geburt des Kindes oder erst später mit der zweisprachigen Erziehung beginnen, bedenken Sie, dass frühkindliche Zweisprachigkeit Vorteile mit sich bringt, die im späteren Alter nicht mehr gegeben sind. Dazu gehören der intuitive Spracherwerb ohne bewusste Anstrengung, die enge Verbindung der Sprache mit der gesamten Entwicklung des Kindes und damit auch ein höherer Stellenwert, den die Sprache für das Kind erhält. Bedenken Sie auch, dass ein späterer Sprachenwechsel sowohl für Ihr Kind, als auch für Sie selbst eine große Umstellung und Verunsicherung bedeuten kann.

Tipps für Eltern deutscher Muttersprache

Falls Sie einsprachig deutsch sind und Ihrem Kind die Chance bieten möchten, eine zweite Sprache zu erwerben, bedenken Sie:

- ▷ Kinder erwerben Sprachen im jungen Alter ohne bewusste Anstrengung. Dies können Sie nutzen, indem Sie Ihrem Kind möglichst früh den Kontakt zu einer weiteren Sprache ermöglichen, etwa, indem Sie es in einen zweisprachigen Kindergarten bringen.

- ▷ Kinder erwerben Sprachen unbewusst-intuitiv. Achten Sie darauf, dass die Sprache kindgerecht, also in natürlicher Kommunikation und im Spiel, nicht in einer Art „Sprachunterricht" vermittelt wird.

- ▷ Schätzen Sie den Erfolg realistisch ein: Vielleicht wird Ihr Kind kleine Sätze, Lieder, Spiele in der zweiten Sprache erwerben. Erwarten Sie jedoch nicht zu viel: Diese Sprache hat bei weitem nicht dieselbe Bedeutung für Ihr Kind, wie seine Muttersprache! Es kann sein, dass Ihr Kind eigentlich keinen Sinn darin sieht, die Sprache überhaupt zu sprechen.

- ▷ Unterstützen Sie den Zweitspracherwerb Ihres Kindes, indem Sie selbst die Sprache spielerisch verwenden, sich von Ihrem Kind etwas beibringen lassen, und dem Kind ermöglichen, die Sprache auch außerhalb des Kindergartens zu verwenden. Unternehmen Sie Reisen in Länder, in denen diese Sprache gesprochen wird.

- ▷ Üben Sie keinesfalls Druck aus. Viel wichtiger als der tatsächliche Erfolg beim Erwerb der speziellen Sprache sollte sein, dass Ihr Kind Spaß an Sprachen *grundsätzlich* entwickeln kann.

- ▷ Interesse für Sprachen, ein Bewusstsein für ihre Verschiedenheit, Spaß am Umgang mit Sprachen sind gute und wichtige Voraussetzungen für den späteren Fremdsprachenerwerb in der Schule! Sie können dies ihrem Kind vermitteln, indem Sie selbst mit Sprachen spielerisch umgehen und experimentieren.

- ▷ Auch die ganz alltäglichen Kontakte zu anderssprachigen Kindern können dazu beitragen, dass sich Ihr Kind Wörter in anderen Sprachen aneignet, und ein Bewusstsein für Sprachen entwickelt. Viele Kindertagesstätten sind heutzutage vielsprachig zusammengesetzt – eine zweisprachige Einrichtung ist also nicht unbedingt notwendig, um Ihr Kind auf späteres Sprachenlernen vorzubereiten.

1. 3 Zweisprachigkeit = 2 × eine Sprache?

Zweisprachigkeit bedeutet, zwei Sprachen verstehen und sprechen zu können. Wie *gut* aber sollte jemand die Sprachen beherrschen, um als zweisprachig zu gelten? Gibt es einen Maßstab für Zweisprachigkeit? Und wie können wir uns das Verhältnis der Sprachen zueinander vorstellen – sind sie voneinander völlig getrennt, oder stehen sie in Kontakt? Die Antworten auf diese Fragen prägen unsere generelle Vorstellung von Zweisprachigkeit, und damit auch die Ansprüche an die Entwicklung zweisprachig aufwachsender Kinder.

Wie gut sollten die Sprachen beherrscht werden?

Ab welchem Grad der Sprachbeherrschung ein Mensch als zweisprachig bezeichnet werden kann, dazu gibt es unterschiedliche Auffassungen. Manchen reicht es schon, wenn jemand eine zweite Sprache in groben Zügen versteht, andere fordern, dass beide Sprachen perfekt beherrscht werden. Wie meistens bei extremen Positionen liegt die Wahrheit irgendwo dazwischen. Denn sicher ist es nicht gerechtfertigt, ein deutschsprachiges Kind, das ein Lied in englischer Sprache halbwegs versteht, als zweisprachig zu bezeichnen. Ein minimales Kriterium von Zweisprachigkeit sollte sein, in beiden Sprachen sinnvolle und fehlerfreie Sätze sprechen zu können. Auf der anderen Seite wäre es aber übertrieben, perfekte Kenntnisse in beiden Sprachen zu erwarten. Was hieße überhaupt *perfekt*? Auch einsprachige Menschen können in ihrer Sprache ganz unterschiedliche Niveaus erreichen! Und was, wenn das Kind die Sprache gar nicht spricht (weil es nicht möchte), aber alles versteht? Es gibt keinen eindeutigen Maßstab, der anzeigt, ab wann ein Kind zweisprachig ist – und es *kann* ihn auch nicht geben. Warum nicht?

Anders als etwa die Körpergröße, die lediglich aus dem Merkmal *Meter* besteht und folglich eindeutig anhand eines Metermaßes festgestellt werden kann, ist Sprachkompetenz viel zu komplex, als dass man an sie einen bestimmten Maßstab anlegen könnte. Denn was genau wollte man messen? Das Sprachverständnis? Die Anzahl der Wörter oder die Komplexität der Grammatikregeln? Die Art und Weise, wie es Gestik und Mimik verwendet? Seine Aussprache? Die Effektivität, mit der es Sprache einsetzt? Dies sind natürlich alles wichtige Hinweise darauf, wie gut es die Sprache beherrscht. Dennoch wäre es zu einfach, die Sprachkompetenzen Zweisprachiger allein durch die Größe ihres Wortschatzes und grammatikalischen Repertoires bestimmen zu wollen.

Erstens ist neben der Quantität auch die Qualität entscheidend: Welche *Bedeutung* hat die jeweilige Sprache für einen Menschen? Setzt er sie lediglich als Verständigungsinstrument ein, indem er aus der einen Sprache in die andere übersetzt? Dann wäre diese Sprache wohl eher eine *Fremd*sprache. Oder denkt, fühlt, träumt er direkt in ihr? Lebt er in und mit beiden Sprachen, empfindet er sie als Teil seiner Persönlichkeit und Identität?[10] Dies ist ein wichtiges Merkmal von *Zwei*sprachigkeit! Zwischen ihm und dem bloßen Übersetzen von einer in die andere Sprache gibt es jedoch viele Abstufungen – auch hier lässt sich keine klare Grenze ziehen.

Zweitens ist Zweisprachigkeit keineswegs eine feste Größe. Die Sprachkompetenzen Zweisprachiger, die Bedeutung, die die Betreffenden den einzelnen Sprachen beimessen, das Verhältnis der Sprachen zueinander – all dies kann sich im Laufe einer Entwicklung und eines Lebens mehrfach ändern. Zweisprachigkeit ist also etwas Dynamisches, sich Wandelndes. Die Betrachtung der Sprachkompetenzen eines Kindes zu einem bestimmten Zeitpunkt ist immer nur eine *Momentaufnahme*, die vielleicht schon bald nicht mehr aktuell ist.

Und drittens – sind die Sprachkompetenzen Zweisprachiger tatsächlich bloß als „zweimal eine Sprache" anzusehen? Ganz sicher nicht! Vielmehr gilt auch hier die grundlegende Erkenntnis Aristoteles':

> „Das Ganze ist mehr als die Summe seiner Teile."

Stärkere und schwächere Sprache

Die beiden Sprachen zweisprachiger Menschen sind selten in gleicher Art und Weise ausgebildet. Meistens ist eine Sprache stärker als die andere, es fällt leichter, flüssig in ihr zu sprechen, vielleicht ist der Wortschatz größer und die Sprache auch innerlich dominanter. Welche Sprache stärker und welche schwächer ist, kann von ganz unterschiedlichen Faktoren abhängen:

- Alter der Person
  Die beiden Sprachen zweisprachig aufwachsender Kinder entwickeln sich bisweilen in recht unterschiedlichem Tempo.[11] Es ist möglich, dass ein Kind in den ersten Lebensjahren zwar beide Sprachen versteht, aber nur eine aktiv gebraucht – dies wäre dann die stärkere Sprache.

- Sprachverteilung in der Familie
  In den ersten Lebensjahren hängt die Gewichtung starke / schwache Sprache im Wesentlichen von der Sprachverteilung innerhalb der Familie ab: Welche Sprache spricht der Vater, welche die Mutter mit dem Kind? Wer verbringt mehr Zeit mit ihm? Wenn es Geschwister gibt: Welche Sprache sprechen sie untereinander?

- Land, in dem sich die Person aufhält
  Häufig ist die *Landessprache* besser ausgebildet als die Nichtumgebungssprache, denn sie wird öfter und in den unterschiedlichsten Situationen gehört und verwendet. Lebt also ein deutsch-griechischsprachiges Kind in Deutschland, ist wahrscheinlich die deutsche Sprache stärker, hält es sich in Griechenland auf, wird es die griechische Sprache sein. Manchmal reichen schon wenige Wochen Ferien im anderen Land, um die ehemals schwächere Sprache zur stärkeren werden zu lassen.

- Aktuelle soziale Kontakte
  Die *sozialen Kontakte*, die eine zweisprachige Person in ihren jeweiligen Sprachen hat, können einen Einfluss auf die Bedeutung und die Beherrschung der Sprache haben. Pflegt eine griechisch-deutschsprachige Person in Deutschland in einer Phase ihres Lebens intensive Kontakte zu anderen Griechen und spricht sie daher sehr häufig Griechisch, ist es wahrscheinlich, dass die griechische Sprache stärker ausgebildet ist. Zu einer anderen Zeit bestehen vielleicht nur wenige Kontakte zu griechischsprachigen Personen, sodass die griechische Sprache schwächer wird. Entscheidend ist in diesem Zusammenhang

natürlich nicht nur die Anzahl der Kontakte, sondern auch die Bedeutung, die die einzelnen Menschen für die Person haben.

- Gesprächsthema
  Welche Sprache stärker und welche schwächer ist, das kann auch von dem jeweiligen *Gesprächsthema* abhängen. So könnte für ein Gespräch über die Alpen die deutsche Sprache, für eines über das Mittelmeer die griechische geeigneter sein. Über Mathematik wird ein Kind flüssiger in deutscher Sprache sprechen, wenn es eine deutsche Schule besucht, über Pflanzen in der griechischen, wenn sein griechischer Vater ihm viel darüber erzählt hat. Manchmal ist auch einfach *die Sprache als solche* für bestimmte Inhalte besonders gut geeignet, weil sie Wörter oder Phrasen umfasst, die ganz spezielle Bedeutungen oder Konnotationen haben, die zu übersetzen kaum möglich ist.

- Sprachliche Ebene
  Auch und gerade Gefühle lassen sich in unterschiedlichen Sprachen auf ganz verschiedene Weisen ausdrücken. Das Liebkosen eines Babys oder das Verfluchen eines Autofahrers klingt auf Griechisch ganz anders als auf Deutsch – und fühlt sich auch anders an! Eine Sprache kann hinsichtlich des Ausdrucks von Gefühlen die stärkere sein, während die andere gleichzeitig für rationale Überlegungen besser ausgeprägt ist.

- Persönliche Motivation
  Eine Sprache kann ganz bewusst gestärkt werden, wenn sie als besonders wichtig oder wertvoll empfunden wird.

Die Zweisprachigkeit einer Person ist also etwas Dynamisches: Der Stellenwert der einzelnen Sprachen, ihre Bedeutung und der Grad ihrer Beherrschung kann sich im Laufe eines Lebens je nach Aufenthaltsort, Umfeld, Vorlieben usw. verändern. Und noch etwas wird bereits hier deutlich: Die Sprachen zweisprachiger Menschen sind nicht losgelöst voneinander zu sehen. Sie ergänzen sich vielmehr, gleichen sich aus, bereichern sich gegenseitig – sie stehen miteinander in Kontakt!

Sprachen in Kontakt

Die Frage, wie die zwei Sprachen innerhalb einer Person organisiert sind, wird kontrovers diskutiert. Einsprachige haben häufig die Vorstellung, dass die Sprachen eines zweisprachigen Menschen gänzlich voneinander getrennt sind und sich gegenseitig nicht beeinflussen (dürfen). Wie bereits gezeigt, entspricht dies jedoch weder dem Empfinden der meisten Zweisprachigen selbst, noch ihrem Umgang mit den Sprachen. Zutreffender ist das Modell des *Sprachkontaktes*, nach dem die Sprachen innerhalb der Person miteinander in Kontakt treten. So verglich der Zweisprachigkeitsforscher François Grosjean[12] die Sprachkompetenzen eines Zweisprachigen mit den sportlichen Leistungen eines Hürdenläufers: Dieser kann weder so hoch springen wie ein Hochspringer, noch so schnell laufen, wie ein Sprinter. Die *Kombination* des Springens und Laufens machen seine besonderen Fähigkeiten aus! Das bedeutet: Die Sprachkompetenzen Zweisprachiger sind nicht einfach nur als Summe der Fähigkeiten zweier mehr oder minder perfekt sprechender Einsprachiger zu sehen. Durch den Sprachkontakt fügen sich vielmehr ihre Sprachen zu einer besonderen Sprachkompetenz zusammen. Diese kann sich darin äußern, dass beide Sprachen – wie oben gezeigt – jeweils spezifische Funktionen und Einsatzbereiche haben, dass in zwei Sprachen gedacht wird oder auch dass die Sprachen beim Sprechen miteinander vermischt werden (siehe ausführlich dazu Kapitel 2.2). Derartige Phänomene mögen aus einsprachiger Sicht unzulässig sein – für zweisprachige Menschen sind sie ganz natürlich und Ausdruck eines lebendigen Umgangs mit ihren vielfältigen sprachlichen Mitteln. Neben dem kreativen und funktionalen Ausschöpfen der Vorteile und Eigenarten beider Sprachen gehört auch das sichere Umschalten zwischen den Sprachen, das Übersetzen von einer Sprache in die andere, das Umschreiben fehlender Wörter sowie ein großes Bewusstsein für und vielfältige Erfahrungen mit Sprachen generell zu den *zweisprachigkeitsspezifischen Fähigkeiten.*

Die enge Verwobenheit der Sprachen Zweisprachiger ist auch der Grund, weshalb es nicht angemessen ist, die Sprachfähigkeiten eines zweisprachigen Kindes in seinen einzelnen Sprachen mit den Fähigkeiten Einsprachiger zu vergleichen. Anders ausgedrückt: Man wird den besonderen Sprachfähigkeiten eines griechisch-deutschsprachigen Kindes nicht gerecht, wenn man seine Fähigkeiten in der deutschen Sprache mit derjenigen eines einsprachig deutschen Kindes vergleicht.

Ideal: Sprachbalance?

Die Ausführungen zu starker und schwacher Sprache und zum Sprachkontakt zeigen die enge Verknüpfung der Sprache miteinander und machen damit auch auf eine Schwierigkeit aufmerksam: Ein zweisprachiger Mensch kann seine Sprachkompetenzen nur dann voll entfalten und verwenden, wenn er mit anderen Zweisprachigen spricht! Einem griechisch-deutschen Kind, welches eine deutschsprachige Schule besucht, wird es vermutlich nicht leicht fallen, seinem Vater mathematische Feinheiten in griechischer Sprache zu erklären, weil ihm die speziellen Begriffe fehlen, ein Jugendlicher, dessen emotionale Sprache die türkische ist, muss sich umstellen, wenn er eine deutsche Freundin hat ... Ein wenig ließen sich diese Schwierigkeiten vermeiden, wenn das Kind von Anfang an eine zweisprachige Schule besuchen könnte, oder der Jugendliche von klein auf viele soziale Kontakte zu türkisch- *und* zu deutschsprachigen Gleichaltrigen hätte – indem also versucht wird, eine *Balance* der Sprachkompetenzen herzustellen. Leider sind jedoch die Rahmenbedingungen meistens nicht so, dass dies ohne Schwierigkeiten möglich wäre. Und schließlich besteht die Gefahr, dass im Streben nach einer Sprachbalance die *Besonderheiten* der speziellen Sprachen verkümmern.

Übrigens gibt es auch nur wenige „einsprachige“ Menschen, die alle Einsatzmöglichkeiten ihrer Muttersprache gleich gut beherrschen, und für ein abstraktes Referat, einen karnevalistischen Vortrag, eine Unterrichtsstunde und eine Hochzeitsrede die jeweils perfekte sprachliche Umsetzung finden!

Memo: Wann ist man zweisprachig?

- Zweisprachigkeit ist zu komplex, als dass sie anhand eines eindeutigen Maßstabes gemessen werden könnte.

- Zweisprachigkeit bedeutet, in und mit beiden Sprachen zu leben, zu denken, zu fühlen, zu sprechen ...

- Die Sprachen zweisprachiger Menschen sind selten in gleicher Art und Weise ausgebildet. Meistens ist eine Sprache stärker als die andere. Dies kann abhängen von: dem Alter, der Sprachverteilung in der Familie, dem Land, in dem die Person sich aufhält, ihren sozialen Kontakten, dem Gesprächsthema usw. Möglich ist, dass die eine Sprache für Emotionales die stärkere ist, und gleichzeitig die andere für Rationales.

- Zweisprachigkeit ist etwas Dynamisches, sich Wandelndes. Der Stellenwert der einzelnen Sprachen, ihre Bedeutung und der Grad ihrer Beherrschung können sich im Laufe eines Lebens mehrmals verändern.

- Zweisprachigkeit ist mehr als die Summe der Fähigkeiten in zwei einzelnen Sprachen. Es ist eine besondere Sprachkompetenz. Sie umfasst das kreative und funktionale Ausschöpfen der Vorteile und Eigenarten beider Sprachen, das sichere Umschalten zwischen den Sprachen, das Übersetzen von einer Sprache in die andere sowie ein großes Bewusstsein für und vielfältige Erfahrungen mit Sprachen generell.

- Die Sprachen Zweisprachiger stehen miteinander in Kontakt. Sie beeinflussen, ergänzen und bereichern sich gegenseitig.

Tipps zur Einschätzung zweisprachiger Kompetenzen

Die generelle Vorstellung, die sich zweisprachig erziehende Eltern von Zweisprachigkeit machen, prägt auch ihre Ansprüche an die Entwicklung ihrer Kinder. Welche Erwartungen aber sind realistisch?

Tipps zur Einschätzung zweisprachiger Kompetenzen

- ▷ Reflektieren Sie Ihre eigene Vorstellung und Erwartung von den zweisprachigen Kompetenzen Ihres Kindes.
- ▷ Vergleichen Sie nicht die Sprachfähigkeiten Ihres zweisprachigen Kindes mit denen einsprachiger! Das wäre nicht gerecht, denn Zweisprachigkeit ist mehr als die Summe der Fähigkeiten in zwei Sprachen.
- ▷ Beachten Sie *zweisprachigkeitsspezifische Fähigkeiten* wie das Umschalten zwischen den Sprachen, das Umschreiben fehlender Wörter, den kreativen und bewussten Umgang mit Sprache.
- ▷ Das, was Sie gerade beobachten, ist eine *Momentaufnahme*, die sich schon bald ändern kann. Auch, wenn Ihr Kind vielleicht zur Zeit eine der Sprachen kaum spricht oder sogar ablehnt, so ist es gut möglich, dass es sich in einigen Jahren bewusst dazu entschließt, diese Sprache intensiver zu pflegen.
- ▷ Sie können die Ausbildung einer ausgeglichenen Zweisprachigkeit unterstützen, indem Sie versuchen, Ihrem Kind ausgewogene soziale Kontakte und Bildung in beiden Sprachen zu ermöglichen. Versuchen Sie jedoch nicht, die Sprachen gleich zu machen. Jede Sprache hat ihre Besonderheiten, die nicht durch die andere Sprache ersetzt werden können.

1.4 Vorurteile gegenüber Zweisprachigkeit

Obwohl das Aufwachsen mit zwei Sprachen längst keine Ausnahme mehr darstellt, gibt es noch immer eine Reihe von zumeist negativen Vorurteilen gegenüber frühkindlicher Zweisprachigkeit. Ganz besonders dann, wenn es sich dabei um Sprachen handelt, die kein hohes Ansehen in der Gesellschaft haben, werden abwertende Meinungen geäußert – und dies schon kleinen Kindern gegenüber. Zunächst sind es jedoch die Eltern, die direkt oder indirekt mit Vorurteilen konfrontiert werden. Sie beziehen sich manchmal auf die gesellschaftliche Ebene („In Deutschland spricht man deutsch!"), auf die konkrete Sprache („Was soll das Kind mit Griechisch?") oder auf die Entwicklung des Kindes („Zweisprachigkeit ist eine Überforderung!"). Für den Umgang mit Vorurteilen ist es hilfreich, diese inhaltlich genauer zu betrachten. Die Zitate und Prozentzahlen dieses Kapitels stammen – falls nicht anders angegeben – aus einer Untersuchung, in der hundert Mütter aus griechisch-deutschen Familien interviewt wurden.[13]

„In Deutschland spricht man deutsch!"

33% der befragten deutschen Mütter in Griechenland und 53% der griechischen Mütter in Deutschland sind mit der Meinung konfrontiert worden, dass im jeweiligen Land auch nur die Landessprache wichtig ist und gebraucht werden sollte:

> ☺ Eine griechische Mutter in München:
> „Im Restaurant sprach mein Sohn mit mir griechisch. Da sagte die Nachbarin vom Nebentisch: Wir sind hier in Deutschland, sprich also deutsch!"

> ☺ Eine griechische Mutter in München:
> „‚In Deutschland spricht man deutsch!', das sagte ein Verkäufer zu mir im Supermarkt, als ich mit meiner Tochter sprach."

☺ Eine deutsche Mutter in Thessaloniki:
„‚In Griechenland braucht man Griechisch – was willst Du da mit Deutsch?‘ Das höre ich oft, von Leuten, die ich nicht kenne.“

Gute Sprachkenntnisse sind die Voraussetzung dafür, dass ein Mensch am schulischen, beruflichen und gesellschaftlichen Leben aktiv teilnehmen kann. Es steht also außer Zweifel, dass Menschen die Sprache des Landes, in dem sie leben, brauchen. Das Negative an den zitierten Äußerungen ist die *Ausschließlichkeit*: In Deutschland spricht man deutsch, in Griechenland griechisch. Zweisprachige Lebenssituationen werden ebenso ignoriert, wie die Tatsache, dass einsprachige Länder auf der ganzen Welt so gut wie nicht mehr existieren.

Darüber hinaus wird der Gebrauch anderer Sprachen sogar als störend empfunden, und zwar von *fremden* Personen, die in die Gespräche von Mutter und Kind überhaupt nicht involviert sind (z.B. ein Verkäufer). Dies zeigt deutlich: Es geht gar nicht um die eigentliche Sprachlichkeit, also z.B. darum, dass der Verkäufer verstehen möchte, was die Mutter zu ihrem Kind sagt. Oder wäre es denkbar, dass er zu einer *leise* sprechenden Mutter sagen würde: „Sprechen Sie lauter, ich verstehe nicht, was Sie zu Ihrem Kind sagen?“ Vielmehr zeigt die Betonung auf das

Land – in Deutschland Deutsch! – die allgemein konservative Einstellung des Sprechers gegenüber dem Fremden. Wie ausgeprägt diese ist, das kann hier natürlich nicht beurteilt werden. Vielleicht fühlt er sich durch die Anwesenheit von Menschen nichtdeutscher Herkunft generell gestört. Vielleicht interpretiert er die Verwendung einer anderen Sprache als Unwille, sich in Deutschland zu integrieren.

In dieser Einstellung kommt ein konservatives und veraltetes Weltbild zum Ausdruck, welches sich so zusammenfassen lässt: Ein Volk bildet eine geistige Gemeinschaft und spricht eine gemeinsame Sprache. Die Verwendung einer anderen Sprache ist gleichbedeutend mit einer anderen Denkweise – ein gegenseitiges Verstehen von Angehörigen verschiedener Völker ist nach diesem Weltbild kaum möglich. Nun trifft dies natürlich auf den Wortschatz und die Grammatik einer Sprache zu – niemand kann einer Rede auf Chinesisch folgen, wenn er die Bedeutung der Worte nicht kennt. Umgekehrt garantiert jedoch eine gemeinsame Landessprache keinesfalls gegenseitiges Verstehen oder gleiche Verhaltensweisen. Es ist sogar gut möglich, dass ein deutscher Maurergehilfe und ein deutscher Professor weniger Übereinstimmungen in ihren Denk- und Verhaltensweisen haben, als ein polnischer und ein deutscher Arbeiter. Warum ist das so? Weil nicht nur eine gesprochene Sprache die Grundlage für gegenseitiges Verstehen ist, sondern auch eine gemeinsame Arbeitskultur, gleiche politische Einstellungen, ähnliche Schicksale, Lebenserfahrungen usw. Insofern ist es absolut nicht möglich, aufgrund der Verwendung einer Sprache Rückschlüsse auf die Weltanschauung des Sprechers oder auf dessen Grad der Integration zu schließen.

„Was soll das Kind mit Griechisch?“

Auffällig ist, dass negative Meinungen gegenüber Zweisprachigkeit häufig in Zusammenhang mit Türkisch, Griechisch oder Polnisch, seltener jedoch in Zusammenhang mit „Weltsprachen“ wie Englisch oder Französisch geäußert werden. Die Bewertung der Zweisprachigkeit hängt also auch mit dem Ansehen der Sprache, dem sogenannten *Sprachprestige* zusammen. Dieses wird durch die ökonomische, religiöse oder kulturelle Bedeutung einer Sprache und durch ihre Verbreitung in der Welt geprägt. Die deutsche Sprache wird beispielsweise in Griechenland allgemein als wertvolle Sprache angesehen, deren Erwerb in hohem Maße angestrebt wird. Dagegen gilt die griechische Sprache in Deutschland eher als „kleine" Sprache, die teils mit kultureller und historischer Bedeutsamkeit, teils aber auch mit geringer Verbreitung und Migration assoziiert wird. Das unterschiedliche Ansehen der Sprachen in den Ländern spiegelt sich ganz deutlich in den Äußerungen der befragten Mütter: 97% der deutschen Mütter in Griechenland erlebten eine ausdrückliche Wertschätzung ihrer Muttersprache („Toll, er spricht deutsch!"), griechische Mütter in Deutschland dagegen nur zu 68%. Sie erfuhren dagegen zu 43% eine ablehnende Haltung („Was soll er denn mit Griechisch?") – deutsche Mütter in Griechenland jedoch nur zu 18%. Eltern, deren Muttersprachen in der Gesellschaft als weniger wertvoll angesehen werden, haben also mehr mit Vorurteilen zu kämpfen, als Eltern mit hoch angesehenen Sprachen.

> ☺ Eine griechische Mutter in Berlin:
> „Bekannte von mir sagen, Zweisprachigkeit finden sie ja sehr schön, aber sie fänden es besser, wenn es Englisch und nicht Griechisch wäre."

In solchen Wertungen wird natürlich völlig ignoriert, dass eine griechische Mutter sich nicht *irgendeine* Sprache für die zweisprachige Erziehung aussucht, sondern mit ihrem Kind griechisch spricht, weil dies ihre *Muttersprache* ist. Zudem wird leider oft übersehen, dass Sprachenvielfalt generell wertvoll ist – sowohl für den einzelnen Menschen, als auch für die Gesellschaft.

Das Prestige einer Sprache steht in direktem Zusammenhang mit ihrer Förderung im Bildungssystem. Sprachen, denen ein hohes Prestige zugeschrieben wird, werden in Kindergärten und Schulen gefördert, solche mit geringem Prestige dagegen kaum. Das wird auch in der öffentlichen Diskussion um *Zweisprachigkeit im Kindergarten* deutlich: Ausgehend von der (berechtigten) Annahme, dass kleine Kinder spielerisch und ohne bewusste Anstrengung Sprachen erwerben, werden Kindergärten eingerichtet, in denen Englisch oder Französisch vermittelt wird. Angestrebt wird eine *frühe Zweisprachigkeit* – diese wird also ganz offensichtlich als wertvoll angesehen. Wie kommt es dann aber, dass es kaum türkisch-deutsche oder griechisch-deutsche Einrichtungen gibt? Hier würden doch Kinder, die bereits zweisprachig sind, die Chance erhalten, diese wertvolle Zweisprachigkeit auf einem höheren Niveau weiter zu entwickeln? Die Ursache für die Ungleichbehandlung der Sprachen liegt u.a. in ihrem unterschiedlichen Ansehen, und hier ergibt sich ein Kreislauf: Weil Sprachen mit niedrigem Prestige im Bildungssystem weniger gefördert werden, sind sie auch in der Öffentlichkeit weniger präsent. Das wiederum prägt ihr geringes Prestige sowohl in der Gesellschaft als auch in der Wahrnehmung der betreffenden Kinder selbst. Es hat den Anschein, als sei die nichtdeutsche Sprache vollkommen unwichtig. Dagegen identifizieren sich zweisprachige Kinder und Jugendliche besonders dann positiv mit *beiden* Sprachgruppen, wenn beide Sprachen in ihrem Umfeld als wertvoll angesehen werden.[14]

„Zweisprachigkeit ist eine Überforderung!"

64% der befragten Mütter wurden mit der Meinung konfrontiert, dass Zweisprachigkeit eine Überforderung für ihr Kind sei.

> ☺ Eine deutsche Mutter in Thessaloniki:
> „Überforderung, das habe ich gehört: ‚Die armen Kinder!'"

> ☺ Eine griechische Mutter in Berlin:
> „Bekannte von meinem Mann, sie haben gesagt: ‚Vorsicht mit Bilingualismus! Das überfordert die Kinder, und am Ende können sie keine Sprache richtig.' Das hat mich schon sehr verunsichert. Weil das alles gebildete Leute waren – einer arbeitete an der Berufsschule – und ich als einfache Köchin, ich habe mich da schon gefragt: Mache ich das alles richtig? Ich war sehr verunsichert, vielleicht würde sie so kein richtiges Deutsch lernen?"

Viele Menschen glauben, dass der gleichzeitige Erwerb zweier Sprachen Kinder überfordert und dass sie keine der Sprachen richtig erwerben werden. Vielleicht denken sie dabei an ihre eigenen mühsamen Versuche, im Schulunterricht eine zweite Sprache zu lernen, und setzen dies fälschlicherweise mit dem frühkindlichen Spracherwerb gleich. Auch viele Eltern, die ihre Kinder zweisprachig erziehen, fragen sich, ob sie ihre Kinder mit zwei Sprachen nicht überfordern. Zweifel kommen vor allem dann, wenn etwas in der Sprachentwicklung nicht so läuft, wie die Eltern (oder das Umfeld) sich das vorgestellt hatten. Oftmals wird die Sprachentwicklung zweisprachiger Kinder gerade aufgrund des Vorurteils, Zweisprachigkeit sei eine Überforderung, wesentlich kritischer bewertet als diejenige von einsprachigen. Während hier sprachliche Fehler einem ganz normalen Entwicklungsverlauf zugeordnet werden („Ach, er ist ja noch so klein!"), wird bei zweisprachigen Kindern die Ursache häufig in der Zweisprachigkeit gesehen („Man sieht, er ist mit zwei Sprachen überfordert!").

Diese Sorgen sind jedoch vollkommen unberechtigt: Kinder erwerben Sprachen spielend und ohne bewusste Anstrengung. Der gleichzeitige Erwerb zweier Sprachen stellt für ein gesundes Kind *niemals* eine Überforderung dar. Im Gegenteil – Zweisprachigkeit kann sich sogar äußert positiv auf die Entwicklung des Kindes auswirken (siehe dazu Kapitel 1.5).

Auch Sprachmischungen sind *kein* Zeichen von Überforderung. In Kapitel 2.2 ist ausführlich beschrieben, dass Kinder, die von Geburt an zweisprachig aufwachsen, manchmal die Sprachen vermischen, weil sie zunächst einen übergreifenden Wortschatz erwerben, der sich aus Wörtern beider Sprachen zusammensetzt. So kann es sein, dass ein Wort auf Griechisch bereits erworben wurde, auf Deutsch aber noch nicht. Zudem wird kleinen Kindern erst mit der Zeit bewusst, dass sie *zwei* Sprachen erwerben. Sprachmischungen stellen also eine ganz normale Sprachentwicklungsphase dar – schätzungsweise zwei Drittel aller zweisprachigen Kinder durchlaufen und überwinden diese. Ältere Kinder mischen die Sprachen kaum, wenn sie mit einsprachigen Menschen sprechen. Im Gegenteil ist zu beobachten, dass Kinder schon sehr früh genau wissen, welche Sprache zu welcher Person gehört (ausführlich dazu Kapitel 2.2).

Während also der Erwerb zweier Sprachen als solcher keine Überforderung für ein Kind darstellt, können *ungünstige Rahmenbedingungen* ein zweisprachig aufwachsendes Kind sehr wohl überfordern. Dazu gehört z.B. ein negativ eingestelltes Umfeld, ein geringes Sprachprestige, fehlende zweisprachige Kindergärten und Schulen, auch verunsicherte Eltern, die in ihrer Methode der zweisprachigen Erziehung hin und her schwanken. Mit anderen Worten: Es liegt nicht an dem Unvermögen des Kindes, wenn es mit der Zweisprachigkeit nicht funktioniert, sondern an den ungünstigen Bedingungen, unter denen es zweisprachig aufwächst. Es ist wichtig, diese Aspekte in der Diskussion über Zweisprachigkeit sorgfältig voneinander zu trennen.

„Zweisprachige fangen später an zu sprechen!“

17% der befragten Mütter gaben an, dass ihr Kind spät angefangen hat zu sprechen. Auf die Nachfrage, in welchem Alter es denn angefangen habe, wurde geantwortet: „Mit zwei Jahren“, „Er war fast zwei.“, „Mit 18 Monaten“ – die Kinder haben also zu einem absolut *normalen* Zeitpunkt zu sprechen begonnen. Dennoch wurde der Sprachbeginn der zweisprachigen Kinder durch die Eltern als verspätet *wahrgenommen.* Auch hier wird also besonders kritisch auf die Entwicklung des zweisprachigen Kindes geschaut. Vermeintliche Probleme werden nicht selten auf die Zweisprachigkeit zurückgeführt – mitunter leider auch von Fachleuten, wie das folgende Beispiel zeigt:

☺ Eine deutsche Mutter in Thessaloniki:

„Zuerst habe ich nur deutsch mit ihm gesprochen und wenn mein Mann kam, haben wir angefangen, griechisch zu sprechen. Wenn wir deutsch sprachen, hat mein Mann ja nichts verstanden. Das war ein Durcheinander. Mit drei Jahren hat er noch nicht gesprochen. Meine Kinderärztin sagte, wir sollen nur eine Sprache mit ihm sprechen. Da habe ich mit dem Deutschen aufgehört und nur noch griechisch gesprochen. Am Anfang war das schwierig – ich konnte es ja kaum! Ich habe mich miserabel gefühlt, das war ja nicht das, was ich wollte, wenn ich Kinder in die Welt setze. Jedenfalls hat er da angefangen zu sprechen. Das war der einzige fachliche Rat – fachlicher Rat! Sie ist ja keine Fachfrau für Zweisprachigkeit! Also, das war für das Kind schon richtig. *Ich* hätte es richtig gefunden, wenn er beide Sprachen gesprochen hätte. Aber wir haben es so gemacht – bis heute."

Auf den ersten Blick könnte man meinen, dass wohl doch die Zweisprachigkeit schuld daran war, dass das Kind nicht sprach – schließlich hat es, nachdem die Mutter die zweisprachige Erziehung aufgegeben hatte, angefangen zu sprechen. Aber nochmals: Das Aufwachsen mit zwei Sprachen ist als solches niemals die Ursache für die Überforderung eines Kindes! Aufgrund der Schilderung der Mutter liegt vielmehr die Vermutung nahe, dass die Methode, die sie angewendet hat, für das Kind nicht die richtige war. Auch könnte es sein, dass die Stimmung zwischen den Eltern generell angespannt war, nachdem der Vater kein Deutsch verstand, und die Mutter sich gezwungen sah, mit ihm griechisch zu sprechen, obwohl sie es kaum konnte. Eine solche Atmosphäre kann natürlich auch die Sprachentwicklung des Kindes hemmen. Aber dies ist an dieser Stelle Spekulation. Fest steht, dass hier durch eine vermeintliche Fachfrau ein Rat gegeben wurde, der jeder Grundlage entbehrt. Natürlich könnte man einwenden: Die Mutter ist selbst schuld, sie hätte den Rat ja nicht annehmen müssen. Aber ist es nicht so, dass gerade verunsicherte, rat*lose* Menschen Ratschläge befolgen, weil sie sich nicht anders zu helfen wissen?

Richtig ist, dass zweisprachige Kinder *nicht* später anfangen zu sprechen als einsprachige. Die Forschung zeigt, dass der zeitliche Verlauf der kindlichen Sprachentwicklung generell von großen *individuellen* Unterschieden geprägt ist. Die Persönlichkeit eines Kindes, das Tempo seiner Gesamtentwicklung, die Art, wie es Sprache verarbeitet, die sprachliche Gestaltung des Umfeldes, in dem es aufwächst – hat es Geschwister? Haben die Eltern viel Zeit, mit ihrem Kind zu sprechen? – all dies kann das Tempo des Spracherwerbs beeinflussen. Ausschlaggebend ist also auch hier nicht etwa die Zweisprachigkeit als solche, sondern die individuelle Veranlagung des Kindes und die Rahmenbedingungen, unter denen es heranwächst.

Zeitliche Unterschiede lassen sich aber hinsichtlich der Entwicklung des Wortschatzes beobachten: So kann es sein, dass der deutsche Wortschatz eines vierjährigen griechisch-deutschen Kindes einen geringeren Umfang aufweist, als bei einem gleichaltrigen deutschen Kind. Aber das ist ganz normal – schließlich verbringen einsprachig aufwachsende Kinder all ihre Zeit mit *einer* Sprache, während zweisprachige Kinder sich in derselben Zeit mit *zwei* Sprachen beschäftigen. Diese Unterschiede werden aber im Laufe der Sprachentwicklung aufgeholt.[15]

Hier schließt sich eine weitere Diskussion an: Welcher Anspruch an die Entwicklung eines zweisprachigen Kindes in seinen beiden Sprachen ist realistisch? Darf man erwarten, dass es beide Sprachen *perfekt* beherrschen wird (aber was heißt eigentlich: perfekt?)? Ist es angebracht, die deutsche Sprachfähigkeit eines griechisch-deutsch aufwachsenden Kindes mit derjenigen eines einsprachig deutschen Kindes zu vergleichen? Die Antwort lautet: Nein. Ausführlich sind diese Fragen in Kapitel 1.3 besprochen.

„Zweisprachige haben Sprachentwicklungsstörungen!“

Immer wieder gibt es Erfahrungsberichte, die zeigen, dass unterschiedlichste Sprachentwicklungsstörungen auf Zweisprachigkeit zurückgeführt werden – von den Eltern selbst, und leider, wie im Beispiel oben, manchmal auch von Ärzten oder Logopäden:

☺ Eine griechische Mutter in Berlin:
„Meine Tochter hat spät angefangen zu sprechen. Es war zu hören, sie ist sprachlich zurück, weil sie bilingual ist. Aber das war nicht der Grund! Es stellte sich heraus, dass sie ein Hörproblem hat."

☺ Eine deutsche Mutter in Thessaloniki:
„Mein Sohn hatte Schwierigkeiten in der Schule, in den ersten zwei Jahren. Als ich ihn zur deutschen Alphabetisierung brachte, sollte ich ihn wieder herausnehmen. Als er auf dem Gymnasium war, habe ich ihn zum Legastheniezentrum gebracht, und da wurde eindeutig festgestellt, dass er Legastheniker war! Nach sechs Jahren! Und die Lehrerin, obwohl sie eine Extraausbildung in Legasthenie hatte, hat das immer auf die Zweisprachigkeit zurückgeführt. Da kann man mal sehen, was dabei herauskommen kann, wenn die Zweisprachigkeit als Ursache für Lernschwierigkeiten gesehen wird."

Es gibt keine wissenschaftlichen Hinweise darauf, dass das Aufwachsen mit zwei Sprachen ursächlich für spezifische Sprachentwicklungsstörungen sein kann. Sprachentwicklungsstörungen kommen bei zweisprachigen Kindern nicht häufiger vor als bei einsprachigen. Auch ist Zweisprachigkeit keine Ursache für Stottern oder Stammeln – dann müssten ja mehrsprachige Länder wie die Schweiz oder Luxemburg eine größere Quote von Stotterern aufweisen, und das ist nicht der Fall.

Die Ursachen von Sprachstörungen können – sowohl bei ein- als auch bei zweisprachigen Kindern – in einer Verzögerung der Gesamtentwicklung, in organischen Fehlentwicklungen oder auch in einem spracharmen Umfeld liegen. Besonders im Zusammenhang mit Stottern hat man herausgefunden, dass Kinder selbst oft gar nicht wahrnehmen, dass sie stottern. Werden sie jedoch drauf hingewiesen, kann das Stottern erst wirklich zu einem Problem für das Kind werden, und sich dadurch auch verstärken.[16]

Haben Eltern den Verdacht, dass eine Sprachentwicklungsstörung vorliegt, ist es natürlich wichtig, dies rechtzeitig von Fachleuten beurteilen zu lassen. Wer ist jedoch hier der richtige Ansprechpartner? Obige Zitate veranschaulichen, dass auch Ärzte oder Logopäden manchmal vorschnell und fälschlicherweise Probleme in der Sprachentwicklung auf Zweisprachigkeit zurückführen. Das kann vor allem dann schlimme Folgen haben, wenn darüber die eigentliche Ursache – z.B. Hörprobleme – erst Jahre später erkannt wird. Ratsuchende sollten sich also an Fachleute wenden, die auf dem Gebiet Zweisprachigkeit qualifiziert sind.

„Zweisprachige lernen leichter Fremdsprachen!“

Zum Schluss noch ein positives Vorurteil. Es besagt, dass ein Kind, das bereits zwei Sprachen gut beherrscht, auch eine dritte oder vierte Sprache leichter erlernt. Tatsächlich weisen die Ergebnisse einer Untersuchung aus dem Jahre 2006 erstmals auf positive Zusammenhänge zwischen Zweisprachigkeit und dem Erwerb von Englisch in der Schule hin.[17] Systematische wissenschaftliche Belege gibt es hierzu jedoch noch nicht.

Bezogen auf die Aussprache wäre es durchaus naheliegend, dass ein griechisch-deutsches Kind das spanische *r*, welches dem griechischen ähnlicher ist als dem deutschen, besser wird aussprechen können als ein deutschsprachiges Kind. Beim Erwerb des französischen *r* erhält es jedoch keine Unterstützung aus seiner Zweisprachigkeit. Dies gilt auch für den Erwerb von Wortschatz oder Grammatik einer Fremdsprache: Sind diese den Sprachen des zweisprachigen Kindes ähnlich, so *kann* es sein, dass dies beim Erlernen der Sprache hilfreich ist. Es kann aber genauso gut sein, dass diese Ähnlichkeit den korrekten Erwerb behindert (ein bekanntes Beispiel dafür ist das englische *become*, das nicht etwa *bekommen* heißt).

Auch die Annahme, dass ein zweisprachig aufgewachsenes Kind ja bereits Erfahrung mit dem Erlernen von Sprachen hat, stimmt so nicht: Beim schulischen Sprachunterricht handelt es sich um den gelenkten Erwerb einer Sprache. Er unterscheidet sich in vielen Punkten vom frühkindlichen, natürlichen Erwerb (beschrieben in Kapitel 2.1): Vokabeln und Grammatikregeln werden besprochen, erklärt, auswendig gelernt und in oft künstlichen Kommunikationssituationen eingeübt. Hierbei zeigen sich individuelle Unterschiede und Talente bei zweisprachig aufgewachsenen Kindern genauso wie bei einsprachigen. So kann die Idee *Zweisprachigkeit unterstützt den Fremdsprachenerwerb* leicht zu einem negativen Urteil werden, dann nämlich, wenn sich die griechisch-deutsche Tochter im Französischunterricht schwer tut.

Als sicher kann jedoch angesehen werden, dass zweisprachig aufwachsende Kinder generell vielfältigere Erfahrungen mit Sprachen machen, früher bewusst über Sprachen nachdenken – diese z.B. vergleichen – oder generell thematisieren („Das ist Deutsch, das ist Griechisch"), und ein ausgeprägteres Interesse an derartigen Fragen entwickeln. Diese Fähigkeiten können für den Erwerb einer weiteren Sprache sehr wohl hilfreich sein (mehr dazu in Kapitel 1.5).

Memo: Vorurteile gegenüber Zweisprachigkeit

„In Deutschland spricht man deutsch!“

▷ Diese Meinung ignoriert individuelle zweisprachige Lebenssituationen ebenso wie die Tatsache, dass einsprachige Länder auf der ganzen Welt so gut wie nicht mehr existieren. Es kommt eine konservative Einstellung des Sprechers gegenüber Fremden allgemein zum Ausdruck.

„Was soll das Kind mit Griechisch?“

▷ Negative Meinungen gegenüber Zweisprachigkeit werden besonders dann geäußert, wenn es sich um Sprachen mit geringem Prestige handelt. Im Bildungssystem werden vor allem Sprachen mit hohem Ansehen vermittelt und gefördert. So rücken die kleineren Sprachen noch weiter in den Hintergrund.

„Zweisprachigkeit ist eine Überforderung!“

▷ Der Erwerb zweier Sprachen stellt keine Überforderung für ein Kind dar. Wohl aber können ungünstige Rahmenbedingungen ein Kind in seiner zweisprachigen Entwicklung überfordern. Dazu gehört auch ein negativ eingestelltes Umfeld.

„Zweisprachige fangen später an zu sprechen!“

▷ Das stimmt nicht. Der zeitliche Verlauf der kindlichen Sprachentwicklung ist *generell* von großen individuellen Unterschieden geprägt. Er wird u.a. von der Persönlichkeit des Kindes, dem Tempo seiner Gesamtentwicklung, der Art, wie es Sprache verarbeitet, und der sprachlichen Gestaltung seines Umfeldes beeinflusst.

„Zweisprachige haben Sprachentwicklungsstörungen!“

▷ Sprachentwicklungsstörungen kommen bei zweisprachigen Kindern nicht häufiger vor als bei einsprachigen. Auch ist Zweisprachigkeit keine Ursache für Stottern oder Stammeln –

denn dann müssten ja zweisprachige Länder eine größere Quote von Stotterern aufweisen. Dies ist jedoch nicht der Fall.

„Zweisprachige lernen leichter Fremdsprachen!"

▷ Frühkindliche Zweisprachigkeit garantiert nicht, dass eine dritte Sprache leichter erworben wird. Als sicher kann aber angesehen werden, dass zweisprachig aufwachsende Kinder vielfältigere Erfahrungen mit Sprachen machen, und früher ein ausgeprägtes Sprachbewusstsein entwickeln. Beides kann den Erwerb weiterer Sprachen unterstützen.

Tipps zum Umgang mit Vorurteilen

Ein klassisches Merkmal von Vorurteilen ist, dass sie auf Unerfahrenheit und mangelndem Wissen basieren. Auch Vorurteile gegenüber Zweisprachigkeit werden überwiegend von Personen geäußert, die selbst damit keine Erfahrung haben. Meist stehen sie noch nicht einmal in direktem Kontakt zu der betroffenen zweisprachigen Familie, nicht selten sind es vollkommen fremde Personen, die sich negativ äußern. Eine ausdrückliche Geringschätzung gegenüber ihrer Muttersprache haben z.B. 6% der befragten Mütter von Verwandten oder nahen Bekannten, jedoch 28% der Mütter von fremden Personen erfahren. Dass Zweisprachigkeit eine Überforderung sei, haben 21% der Mütter von Bekannten gesagt bekommen, und 64% von fremden Personen.

Vorurteile treffen uns meist unvorbereitet und rufen, weil sie so undifferenziert sind, Ärger, Empörung oder auch Unsicherheit hervor. Plötzlich müssen wir etwas verteidigen, was eigentlich das Natürlichste der Welt ist: Dass Eltern mit ihren Kindern ihre eigene Muttersprache sprechen. Oftmals kommt erst *nach* einer solchen Konfrontation der unbefriedigende Gedanke: Hätte ich doch bloß entgegnet, dass ... Daher hier nun ein paar konkrete Tipps für den Umgang mit Vorurteilen gegenüber Zweisprachigkeit:

Tipps zum Umgang mit Vorurteilen

- Setzen Sie sich mit den Inhalten der häufigsten Vorurteile auseinander, dann sind Sie vorbereitet und können z.B. sachlich entgegnen: „Es gibt keine wissenschaftlichen Hinweise darauf, dass Zweisprachigkeit eine Überforderung ist. Im Gegenteil. Aber solch negative Reaktionen, die machen es uns schon schwer."

- Gehen Sie mit fachlichem Rat kritisch um. Auch, wenn Ihnen jemand gebildeter erscheint als Sie, heißt das nicht automatisch, dass diese Person über alle Prozesse der zweisprachigen Entwicklung und Erziehung gut informiert ist.

- Machen Sie sich immer wieder bewusst, wie wichtig Ihnen selbst Zweisprachigkeit ist, und dass es das Natürlichste der Welt ist, dass Eltern mit ihren Kindern ihre Muttersprache sprechen. Mit dieser bewussten Überzeugung fällt der Umgang mit Vorurteilen gleich viel leichter. Oftmals reicht es, als Entgegnung genau diese Überzeugung auszudrücken: „Für mich ist es selbstverständlich, dass ich mit meinem Kind meine eigene Muttersprache spreche!" oder: „Natürlich ist die wertvollste Sprache für mich meine eigene Muttersprache – für Sie nicht?"

- Wägen Sie ab: Ist es Ihnen wichtig, dass die betreffende Person Sie und Ihre zweisprachige Situation besser versteht? Ist es die Mühe wert, sich mit einem fremden Verkäufer auseinander zu setzen? Oder würde es vielleicht ausreichen, einmal tief durchzuatmen und das Ganze zu vergessen? Machen Sie sich jedoch bewusst: Sie als zweisprachige Eltern haben die Möglichkeit, die gesellschaftliche Meinung gegenüber Zweisprachigkeit zu verändern, denn:

▷ Menschen, die Vorurteile äußern, haben meist selbst keine Erfahrung mit Zweisprachigkeit und auch keinen engeren Kontakt zu zweisprachigen Familien. Das können Sie ändern! Sie können offen mit der Person über Ihre Erfahrungen mit Zweisprachigkeit sprechen, darstellen, welch eine Bereicherung das Leben mit zwei Sprachen darstellt, wie bewundernswert es ist, dass bereits kleine Kinder wissen, mit wem sie welche Sprache sprechen können usw.

▷ Erklären Sie, dass sich für Sie und Ihre Familie die Frage nach Zweisprachigkeit gar nicht stellt, weil es für Sie selbstverständlich ist, zweisprachig zu sein. Sagen Sie: „Mein Kind braucht beide Sprachen, damit es sowohl in Deutschland, als auch in Griechenland zurecht kommt. Dort leben ja viele Verwandte und Freunde von uns."

▷ Weisen Sie darauf hin, dass zwei oder mehr Sprachen fließend sprechen zu können, im heutigen Europa eine wichtige Fähigkeit ist! Je mehr Sprachen ein Mensch spricht, desto mehr Zugänge zu den einzelnen Ländern eröffnen sich ihm. „Mein Kind kann später entscheiden, ob es in Deutschland, oder in Griechenland leben, studieren, arbeiten möchte".

▷ Fragen Sie: „Stellen Sie sich vor, sie würden eine Chinesin / einen Chinesen heiraten und nach China auswandern. Würden Sie mit Ihrem Kind nun Mandarin sprechen wollen?"

▷ Das Argument, welches immer noch am ehesten verstanden wird (leider, weil es wiederum nur auf die Landessprache, nicht aber auf die Zweisprachigkeit abhebt): „Griechisch ist meine Muttersprache. Deutsch spreche ich auch, aber eben nicht so gut. Und ich möchte meinem Kind kein falsches Deutsch beibringen."

1.5 Positive Auswirkungen von Zweisprachigkeit

In Kapitel 1.4 hat sich gezeigt, dass Zweisprachigkeit keine Überforderung ist und sich nicht negativ auf die kindliche Entwicklung auswirkt. Was weiß man aber über *positive* Einflüsse frühkindlicher Zweisprachigkeit?

Wie können solche Effekte überhaupt untersucht werden? Ein Gedankenspiel: Stellen Sie sich vor, die Heizkraft einer neuen Sorte von Heizkörpern soll getestet werden. Reicht es aus, eine herkömmliche und eine der neuen Heizungen in zwei verschiedenen Räumen zu installieren, sie aufzudrehen und nach fünf Stunden die Temperatur in den Räumen zu vergleichen? Keinesfalls. Damit die jeweilige Raumtemperatur tatsächlich auf die Leistung der Heizkörper zurückgeführt werden kann, muss mindestens folgendes gegeben sein: Die Räume müssen gleich groß und gleich gut isoliert sein – es wäre ja sinnlos, ein Zimmer in einem zugigen Altbau mit einem Raum in einem modernen Gebäude zu vergleichen. Darüber hinaus muss ausgeschlossen werden, dass etwa direkte Sonneneinstrahlung oder geheizte Zimmer unter oder neben den Testräumen die Temperatur in diesen Räumen verändern. Kurz, um tatsächlich sagen zu können, dass Heizkörper A eine größere Leistung als Heizkörper B erbringt, muss garantiert sein, dass *nichts anderes außer den Heizkörpern* einen Einfluss auf die Temperaturentwicklung hat.

Was hat das alles mit Zweisprachigkeit zu tun? Richtig: Nicht viel! Denn bei dem Versuch, diese Gedanken auf die Untersuchung der Auswirkungen von Zweisprachigkeit zu übertragen, werden zentrale Schwierigkeiten deutlich: Ebenso wie die Testräume müssten auch die zu vergleichenden Gruppen ein- und zweisprachiger Kinder aus *genau den gleichen* Kindern bestehen. Sie müssten bereits im Mutterleib auf dieselbe Weise ernährt und stimuliert worden sein, im gleichen Umfeld aufgewachsen sein, identische Anregungen erhalten haben – ganz zu schweigen von ihren Erbanlagen. Verschieden ausgeprägte Fähigkeiten oder Entwicklungsverläufe in den Kindergruppen könnten nur dann sicher auf die Ein- bzw. Zweisprachigkeit zurückgeführt werden, wenn diese der *einzige Unterschied* wäre. Derartige Vergleichsgruppen zu bilden, das ist natürlich nicht möglich. Was also tun?

Bis in die 60iger Jahre wurden diese Schwierigkeiten einfach nicht beachtet. Erst in der neueren Forschung hat man sich bemüht, die methodischen Anforderungen wenigstens *so gut wie möglich* zu erfüllen. Die Gruppen ein- und zweisprachiger Kinder wurden hinsichtlich wichtiger Merkmale – sozioökonomischer Hintergrund, Geschlecht, Alter, allgemeine Intelligenz – einander angeglichen. Die Art der Zweisprachigkeit – Mehr- oder Minderheitensprachen, gleichzeitiger oder sukzessiver Erwerb (siehe Kapitel 1.2) – wurde bei der Auswahl der Kinder ebenso berücksichtigt, wie der Grad der Beherrschung dieser Sprachen. Dies bedeutet aber zugleich, dass die Ergebnisse nicht ohne Weiteres auf jegliche Art und Ausprägung der Zweisprachigkeit übertragen werden können! Deshalb, und weil es einfach unmöglich ist, völlig identische Vergleichsgruppen zu bilden, müssen die Ergebnisse vorsichtig interpretiert werden. Die einzelnen Untersuchungsergebnisse für sich stellen keinen endgültigen *Beweis* dafür dar, dass die *Zweisprachigkeit als solche* Ursache für bestimmte Entwicklungsverläufe ist, und nicht etwa die *Rahmenbedingungen*, unter denen ein Kind aufwächst.

Dennoch haben diese Untersuchungen eine wesentlich größere Gültigkeit als frühere Forschungen – und darüber hinaus eine entscheidende Gemeinsamkeit: Die erzielten Ergebnisse weisen in *dieselbe Richtung* – und zwar in eine *positive*! Das lässt den Schluss zu, dass Zweisprachigkeit eine Reihe positiver Effekte hervorrufen *kann*. In diesem Sinne wird im Folgenden ein Einblick in interessante Untersuchungsmethoden und -ergebnisse gegeben.

Die meisten Untersuchungen, die in den 60er Jahren und früher durchgeführt wurden, waren von der Annahme geleitet, Zweisprachigkeit würde kognitive Fähigkeiten, also das allgemeine Denkvermögen, beeinträchtigen. Viele Forscher gingen davon aus, dass ein Mensch mit zwei Sprachen automatisch auch zwei unterschiedliche Denksysteme erwirbt. Dies würde einen Menschen aber überfordern, und zwar derart, dass er eine gespaltene, also schizophrene Persönlichkeit, zumindest aber eine mindere Intelligenz ausbilde. Wissenschaftlich haltbare Belege wurden dafür jedoch nicht gefunden. In den 70er und 80er Jahren fand ein Umdenken statt. Die enge Vorstellung des Zusammenhangs *eine Sprache = ein Denksystem* wurde aufgelockert und Zweisprachigkeit nunmehr als mögliche Ursache für *gesteigerte* Intelligenz angesehen. Auch dies konnte aber wissenschaftlich nicht nachgewiesen werden. Zwar maßen einige Forscher tatsächlich höhere Intelligenzwerte bei Zweisprachigen.[18] Nun ist aber die *Intelligenz* als solche ein immens komplexer Bereich. Die Faktoren und Umstände, die dazu führen, dass ein Mensch eine hohe Intelligenz ausbildet, der andere jedoch nicht, sind so vielfältig, dass es einfach nicht möglich ist, allein das Aufwachsen mit zwei Sprachen als Ursache dafür auszumachen. Nachfolgende Arbeiten konzentrierten sich nun auf einzelne, kleinere und vor allem sprachnahe Entwicklungsbereiche:

Zweisprachigkeit und Bewusstsein für Sprache

In verschiedenen Experimenten wurde das kindliche Verständnis dafür untersucht, dass Wortbedeutung und Wortklang voneinander unabhängig sind. Zum Hintergrund: Ein Wort ist nicht unmittelbar mit dem bezeichneten Gegenstand verbunden, sondern stellt lediglich ein lautliches *Symbol* für ihn dar (siehe ausführlich Kapitel 1.1). Ein Vanilleeis ist *kalt* – *Kälte* ist untrennbar mit dem Eis verbunden. Würde man diese Eigenschaft ändern, also das Eis erhitzen, so wäre es anschließend kein Eis mehr. Durchaus möglich wäre es dagegen, dem Eis einen anderen Namen zu geben – es z.B. *Brot* zu nennen – vorausgesetzt natürlich, man würde sich mit seinen Gesprächspartnern auf diesen Sprachgebrauch einigen. Das Eis selbst würde sich dadurch nicht verändern, nur das *lautliche Symbol* wäre ein anderes.

Zweisprachige Kinder erwerben für jeden Gegenstand (mindestens) *zwei* Wörter. Die Vermutung liegt nahe, dass sie deshalb auch früher als einsprachige Kinder die Einsicht erlangen, dass Wörter nicht unmittelbar mit dem Gegenstand verbunden, sondern austauschbar sind. Zudem lernen sie von klein auf einen bewussten Umgang mit ihren Sprachen: Sie müssen fortwährend entscheiden, welche Sprache gerade die richtige ist, und sich bemühen, die Sprachen voneinander zu trennen. Sie werden von ihrer Umwelt ausdrücklich auf Sprachmischungen hingewiesen, oder aufgefordert, die jeweils andere Sprache zu verwenden. All dies kann dazu führen, dass zweisprachige Kinder ein besonders *ausgeprägtes Bewusstsein für Sprachen* ausbilden.

Um das zu untersuchen, wurden Kinder im Alter von vier bis neun Jahren befragt.[19] Ein Teil der Kinder wuchs einsprachig, der andere zweisprachig mit der Methode *eine Person – eine Sprache* (siehe ausführlich Kapitel 3.1) auf. Die Frage lautete: „Stell dir vor, du könntest über die Namen für Dinge entscheiden. Könntest du einen Hund *Kuh* nennen und eine Kuh *Hund*?“ Die meisten der einsprachigen Kinder verneinten dies, etwa mit der Begründung, dass eine Kuh eben eine Kuh sei, und sie deshalb auch nur *Kuh* heißen kann. Dagegen antwortete die Mehrheit der zweisprachigen Kinder mit *Ja*. Sie waren also dazu in der Lage, die Wortbedeutung vom Wortklang zu trennen.

In einer ähnlichen Untersuchung[20] wurden ein- und zweisprachig aufwachsende Kinder im Alter von vier bis acht Jahren gebeten, ein Wort innerhalb eines Satzes durch ein anderes zu ersetzen. Eine der (im Original englischsprachigen, hier für das bessere Verständnis leicht abgewandelten) Aufgaben lautete: „In diesem Spiel sagen wir *Makkaroni*, wenn wir *Ich* sagen wollen. Wie würden wir nun sagen: ‚Ich bin müde?‘“ Die richtige Antwort, nämlich „Makkaroni bin müde“ gaben signifikant mehr zweisprachige als einsprachige Kinder. Weiterhin sollte *in* durch *sauber* ersetzt wer-

den. Bei richtiger Lösung entstand der Satz: „Die Puppe geht sauber das Haus." Eine solche Formulierung setzt ein hohes Maß an Konzentration auf Sprache voraus – auch hier waren die zweisprachigen Kinder deutlich überlegen. Weitere Experimente stützen diese Ergebnisse: So waren zweisprachige Kinder besser dazu in der Lage, in sinnlosen Sätzen („Warum die Katze bellt so laut?") nur die Grammatik zu berichtigen, ohne sich dabei vom Inhalt ablenken zu lassen.[21]

Ein ausgeprägtes Sprachbewusstsein kann sich übrigens auch in einem besonders *kreativen und spielerischen Umgang mit Sprache* äußern, den viele zweisprachig erziehende Eltern an ihren Kindern beobachten:

> ☺ Eine griechische Mutter in München:
> „Die Geschwister machen Sprachspiele, sie suchen in beiden Sprachen Wörter, die sich reimen. Das ist schön, wie kindliche Dichtung, sie haben Spaß an der Sprache."

Beim Reimen werden Wörter vor allem aufgrund ihrer klanglichen Ähnlichkeit, weniger ihrer Bedeutung wegen zusammengestellt. Dagegen erfordert die Bildung von *inhaltlichen* Kategorien genau das Gegenteil: In der (im Original englischsprachigen) Aufgabe: „Was ist mehr wie eine Kappe, eine Kanne oder ein Hut?" kommt es darauf an, sich auf die zueinander passenden *Bedeutungen* zu konzentrieren, ohne sich dabei von dem ähnlichen Klang der Wörter irreleiten zu lassen. Zweisprachige Kinder lösten diese Aufgabe im Vergleich zu einsprachigen bereits in deutlich jüngerem Alter richtig.[22]

Es kann also als gesichert angesehen werden, dass zweisprachige Kinder ein *Bewusstsein für Sprache* früher und intensiver ausbilden als einsprachige. Sie sind dazu in der Lage, ihre Aufmerksamkeit auf *einzelne Merkmale* der Sprache zu richten, und Sprache *als System* zu analysieren. So können sie *bewusster* und *flexibler* mit Sprache umgehen.

Zweisprachigkeit und kognitive Entwicklung

Beeinflusst ein ausgeprägtes Sprachbewusstsein auch die Entwicklung kognitiver Fähigkeiten? *Denken* Zweisprachige vielleicht anders als Einsprachige, weil ihnen dafür zwei Sprachen zur Verfügung stehen? Das ist nicht abwegig, sind doch Sprache, Wahrnehmung und Denken sehr eng miteinander verknüpft (siehe Kapitel 1.1).

Da zweisprachig aufwachsende Kinder früh Wortklang und -bedeutung trennen können, liegt die Vermutung nahe, dass sie auch früher *unabhängig* von konkreten Gegenständen denken können – also *allein in Gedanken* mit Dingen hantieren und Überlegungen über sie anstellen können. Das *Wort als Symbol* reicht aus und so kann freier, flexibler und abstrakter gedacht werden (siehe ausführlich Kapitel 2.1).

In einer Untersuchung[23] wurde dies geprüft, indem elfjährige Schüler gebeten wurden, gedanklich physikalische Probleme zu lösen. Und tatsächlich zeigten sich die Zweisprachigen dabei besonders flexibel: Sie dachten freier, kreativer, in verschiedene Richtungen zugleich und entwickelten so mehrere unterschiedliche Lösungsansätze, während die Einsprachigen eher dazu tendierten, nur eine bzw. einige wenige gedankliche Linien zu verfolgen.

Die Fähigkeit des abstrakten, also von konkreten Dingen losgelösten Denkens ist eine grundlegende Fähigkeit jeglicher Wissenschaft. Nun wäre es natürlich unzulässig, zu behaupten, dass alle zweisprachigen Kinder einmal gute Wissenschaftler werden. Dass sie jedoch recht früh abstrahieren können, das spiegelt sich bereits in den dargestellten Untersuchungen: Ohne die Loslösung vom konkret Wahrnehmbaren wäre es nicht möglich, einen Satz wie *Makkaroni bin müde* oder *Die Puppe geht sauber das Haus* zu bilden, und sich dabei nur auf sprachliche Übereinkünfte, nicht aber auf den inhaltlichen (Un-)Sinn zu konzentrieren.

Die Ergebnisse deuten also darauf hin, dass ihr hohes Sprachbewusstsein zweisprachige Kinder dazu befähigt, flexibel und abstrakt zu denken. Aber auch der Umkehrschluss ist denkbar: Vielleicht unterstützt vielmehr die Fähigkeit, flexibel zu denken, die Entwicklung der Zweisprachigkeit? Diese Zusammenhänge endgültig zu klären, ist kaum möglich. Naheliegend ist aber, dass es sich um eine Wechselwirkung handelt, in der das Aufwachsen mit zwei Sprachen die Entwicklung flexiblen Denkens unterstützt und umgekehrt – ebenso, wie Sprache und Denken generell sich gegenseitig beeinflussen.

Zweisprachigkeit und kommunikative Kompetenz

Wie sieht es nun mit den kommunikativen Fähigkeiten Zweisprachiger aus? Was bedeutet überhaupt kommunikative Kompetenz? Was trägt zu einem gelungenen Gespräch bei, in dem möglichst viel gegenseitiges Verstehen erreicht wird und möglichst wenige Missverständnisse auftreten? Dazu ein Beispiel *interkultureller* Kommunikation:

Ein Grieche und ein Deutscher verabreden sich zu einem geschäftlichen Treffen bei einem gemeinsamen Frühstück. Während der Deutsche zunächst damit beschäftigt ist, ein Brötchen mit Marmelade zu bestreichen und vorsichtig ein weich gekochtes Ei zu verzehren, beschränkt sich der griechische Kollege auf eine Tasse Kaffee und eine Zigarette. Die gemeinsame Sprache ist Englisch. Beide beherrschen sie einigermaßen und das ist schon einmal eine gute Basis. Jedoch denkt der Deutsche nach kurzer Zeit: „Weshalb spricht er bloß so laut und aggressiv? Und warum gestikuliert er so wild? Habe ich ihn verärgert?“ Allmählich wird er auch ungeduldig: „Warum kommt er nicht endlich zur Sache? Hat er etwas zu verbergen oder ist er schlecht vorbereitet?“ Derweil denkt der Grieche: „Was für ein kühler und verschlossener Mensch! Und so unhöflich – er beantwortet meine Fragen nach seiner Familie kaum!“

Was zeigt diese – zugegebenermaßen klischeehafte, aber keinesfalls unrealistische – Szene? Eine grundlegende Voraussetzung für ein Gespräch ist eine *gemeinsame Sprache* – gegenseitiges Verstehen garantiert sie indes nicht: Zwar werden sowohl der Deutsche als auch der Grieche das Wort *breakfast* in ihrer jeweiligen Sprache mit *Frühstück* übersetzen. Dabei legt jedoch jeder selbstverständlich und unbewusst seine eigene Deutung eines Frühstücks zugrunde, und diese kann von der des anderen erheblich abweichen. Ebenso verhält es sich mit der Gestaltung eines geschäftlichen Treffens. Die beiden haben höchst unterschiedliche Vorstellungen davon, wie ausführlich man sich nach der Familie des anderen erkundigen und wie schnell man auf den eigentlichen Grund des Treffens zu sprechen kommen sollte. Zentral für derartige Missverständnisse ist ein fehlendes Bewusstsein dafür, dass Menschen ganz unterschiedliche Interpretationen der Dinge haben können, die durch ihren jeweiligen kulturellen Hintergrund, aber auch durch ihre ganz individuellen, persönlichen Erfahrungen und Sichtweisen geprägt sein können.

Die Erkenntnis, dass es für gegenseitiges Verstehen notwendig ist, sich in den anderen hineinzuversetzen – also seine Sichtweise der Dinge anzunehmen, einen *Perspektivenwechsel* zu vollziehen – entwickeln Kinder ca. ab dem vierten Lebensjahr. Während sie vorher Sätze wie: „Der Fritz ist gestern ganz schnell gerannt!“ einfach so stehen lassen, fügen sie nun etwa „Der Fritz, weißt du, der Hund von unserem Nachbarn ...“ ein. Sie haben gelernt, dass nicht jeder automatisch Einblick in ihre eigene Welt hat. Und das ist erst der Anfang der Entwicklung des Perspektivenwechsels. Es gehört weitaus mehr dazu, die Gefühlslage eines Mitmenschen zu erfassen oder die eigenen Schilderungen, Erklärungen, Argumentationen auf ihn abzustimmen – Fähigkeiten, die viele Menschen selbst im Erwachsenenalter nicht vollendet beherrschen.

Zweisprachig aufwachsende Kinder geraten schon früh sehr *häufig* in Situationen, in denen ein Perspektivenwechsel gefordert ist, und das aus zwei Gründen: Erstens müssen sie in jedem neuen Kontakt mit einem Fremden herausfinden, welche Sprache er wie gut versteht und spricht, um dann zu entscheiden, welche Sprache sie ihm gegenüber verwenden können. Zweitens machen zweisprachige Kinder von klein auf die Erfahrung, dass Menschen die gleichen Worte auf ganz verschiedene Weise mit Leben füllen. So unterscheidet sich ein Frühstück mit der deutschen Oma beträchtlich von einem bei den griechischen Großeltern. Allein hinter dem deutschen Wort *Brot* verbirgt sich etwas völlig anderes, als hinter dem entsprechenden griechischen. Ein Kind, das mit derartigen Erfahrungen aufwächst, lernt, genau hinzuschauen: Welche Beobachtungen und Erklärungen sind nötig, damit keine Missverständnisse entstehen? Der Gedanke liegt nahe, dass zweisprachige Kinder besonders früh die Fähigkeit erwerben, sich in andere hineinzuversetzen und ihre jeweiligen Perspektiven anzunehmen. Hierzu wurde eine Reihe interessanter Forschungsarbeiten durchgeführt:

An einer Untersuchung[24] waren drei- bis vierjährige ein- und zweisprachig aufwachsende Kinder beteiligt. Ihre Fähigkeit zum Perspektivenwechsel wurde in mehreren Aufgaben getestet. Es wurde beispielsweise eine Karte mit der Abbildung einer Schildkröte auf einen Tisch gelegt, an dem sich Kind und Versuchsleiter gegenüber saßen. Das Kind wurde gefragt: „Wenn Du nun die Schildkröte anschaust – sieht sie dann aus, als ob sie auf ihren Füßen steht, oder auf dem Rücken liegt?“ Die zweite Frage lautete: „Wenn *ich* nun die Schildkröte anschaue – sieht sie dann aus, als ob sie auf ihren Füßen steht, oder auf dem Rücken liegt?“ Für die richtige Antwort mussten sich die Kinder von ihrer eigenen Wahrnehmung lösen können. Eine weitere Aufgabe bestand aus folgender Bildergeschichte: Der Junge John legt einen Schokoladenriegel in eine blaue Schublade und geht zum Spielen nach draußen. Kurze Zeit später möchte Johns Mutter die blaue Schublade auswischen und legt daher die Schokolade in die *rote* Schublade. John kommt zurück und möchte die Schokolade essen. Die Frage an die Kinder lautete: „In welcher Schublade wird John zuerst die Schokolade suchen?“ Voraussetzung für die richtige Lösung ist, zu berücksichtigen, dass John nicht wissen kann, was das Kind selbst weiß – dass sich nämlich die Schokolade mittlerweile in der roten Schublade befindet. Das Ergebnis beider Tests war, dass die vierjährigen Kinder die Aufgaben wesentlich öfter richtig lösten, als die dreijährigen. Und: Die zweisprachigen Kinder waren *in beiden Altersgruppen* den einsprachigen deutlich überlegen! Das heißt, zweisprachige Kinder sind früher als einsprachige Kinder dazu in der Lage, ihre eigene Wahrnehmung zurückzustellen und stattdessen die Perspektive eines anderen anzunehmen.

An dem folgenden Experiment[25] nahmen fünf- bis achtjährige Kinder teil, die einsprachig mit der Muttersprache Englisch aufgewachsen waren. Eine der Kindergruppen besuchte eine englischsprachige Schule (= einsprachige Kinder), die andere eine französischsprachige (= sukzessiv zweisprachige Kinder). Zunächst wurde den Kindern ein einfaches Brettspiel beigebracht. Es bestand aus einem Spielfeld mit verschiedenfarbigen Feldern. Gespielt wurde mit einem Farbwürfel – zeigte dieser z.B. Blau an, wurde auf das nächste blaue Feld vorgerückt. Nun bestand die Aufgabe der Kinder darin, dieses Spiel zuerst einem durch verbundene Augen „blinden", und danach einem normal sehenden Spielpartner zu erklären. Anschließend wurden die Äußerungen der Kinder ausgewertet: Wie viele Erklärungen zu den Spielregeln wurden gegeben? Wie viele zum Spielmaterial (welches die „Blinden" ja nicht sehen konnten)? Wie viele eigentlich unnötige Informationen wurden geäußert (z.B. „Der Würfelbecher ist rot")?

Das Ergebnis war eindeutig: Die Kinder, die die französischsprachige Schule besuchten, gaben den „blinden" Mitspielern die meisten Erklärungen zum Spielmaterial und zugleich die wenigsten unnötigen Informationen. Sie konnten also besser als die einsprachigen Kinder unterscheiden, welche Informationen für die sehenden, und welche für die „blinden" Mitspieler notwendig oder aber überflüssig waren. Anders ausgedrückt: Die zweisprachigen Kinder konnten sich besser in ihre Zuhörer einfühlen, und auf ihre besonderen Bedürfnisse eingehen.

Andere Untersuchungen[26] weisen in dieselbe Richtung: Es wurde z.B. gezeigt, dass zweisprachige Kinder besonders sensibel auf Rückmeldungen ihrer Gesprächspartner reagierten, die ihnen direkt oder indirekt signalisierten, dass sie einen sprachlichen Fehler gemacht hatten. Auch gibt es Hinweise darauf, dass zweisprachig aufwachsende Kinder bereits im Alter von zwei Jahren ihre eigene Sprache den Sprachkenntnissen fremder Gesprächspartner anpassen können.[27]

Neben der Fähigkeit zur Übernahme der Perspektive anderer ist auch ein sensibler und aufmerksamer Umgang mit *Gestik und Mimik* in der (interkulturellen) Kommunikation bedeutsam: In dem oben skizzierten griechisch-deutschen Geschäftstreffen wurde deutlich, wie unterschiedlich Sprachmelodie, Gestik und Mimik je nach sprachlichem Hintergrund sein können. Ist man sich dessen nicht bewusst, kann es zu Missverständnissen kommen, die meistens ebenfalls nicht bewusst werden und deshalb besonders schwer zu handhaben sind (ausführlich ist dies in Kapitel 1.1 besprochen). Zweisprachig aufwachsende Kinder machen auch in dieser Hinsicht vielfältige Erfahrungen, indem sie vor allem in neuen Kontakten immer wieder herausfinden müssen: Wann bedeutet lautes Sprechen oder eine lebendige Sprachmelodie tatsächlich Aufregung oder Wut, wann ist es Bestandteil eines ganz normalen Gesprächsverhaltens? Welche Gestik passt im Gespräch mit wem? Gut möglich also, dass zweisprachige Kinder daher auch generell eine größere *nonverbale* Sensibilität ausbilden.

Dies wurde in folgender Untersuchung[28] geprüft: Vier- bis fünfjährigen ein- und zweisprachig aufwachsenden Kindern wurden Darstellungen von zehn unterschiedlichen Strichmännchen vorgelegt. Diese drückten allein durch ihre Körperhaltung, Gestik und Mimik z.B. Angst, Freude oder Langeweile aus. Sie waren in keine Handlung und keinen sonstigen Kontext eingebettet. Die Kinder wurden nun gebeten, die Darstellungen anhand von Beschreibungen herauszusuchen, z.B. „Welches ist das Bild, auf dem ein Männchen böse ist, und das andere Angst hat?“ Die zweisprachigen Kinder lösten diese Aufgabe sicherer, schneller und machten signifikant weniger Fehler als die einsprachigen.

Insgesamt zeigen die Untersuchungsergebnisse, dass zweisprachig aufwachsende Kinder schon früh ein *Bewusstsein* für mögliche Unterschiede in der Kommunikation und eine ausgeprägte *Sensibilität* im Umgang mit ihnen entwickeln. Diese Fähigkeiten beschränken sich nicht nur auf die beiden Sprachen des Kindes, sondern können sich in einer *generellen Aufmerksamkeit gegenüber und einem ausgeprägten Einfühlungsvermögen für* den jeweiligen Gesprächspartner niederschlagen. Empathie ist zentral in jeglicher Art zwischenmenschlicher Kontakte. Besonders wichtig wird sie in *interkultureller* Kommunikation. So kann vermutet werden, dass zweisprachige Kinder besonders gut auf ein Leben in Europa und in der Welt vorbereitet sind, denn Situationen, in denen Menschen unterschiedlicher Herkunft miteinander kommunizieren, gehören zunehmend zum Alltag.

Memo: Positive Auswirkungen von Zweisprachigkeit

Aktuelle Untersuchungsergebnisse zeigen, dass sich Zweisprachigkeit auf verschiedene Bereiche der kindlichen Entwicklung *positiv* auswirken kann:

- Zweisprachige Kinder erwerben für einen Gegenstand jeweils zwei Wörter. Das fördert ihr Bewusstsein dafür, dass Wortklang und Wortbedeutung voneinander unabhängig sind.

- Zweisprachige Kinder lernen von klein auf, bewusst mit ihren Sprachen umzugehen, indem sie sich etwa bemühen, Wörter den jeweiligen Sprachen zuzuordnen und die Sprachen zu trennen.

- Zweisprachige Kinder verfügen über ein besonders hohes Bewusstsein für Sprache. Sie können ihre Aufmerksamkeit auf einzelne Aspekte der Sprache lenken, und flexibel mit Sprache umgehen.

- ▷ Ein hohes Sprachbewusstsein kann sich auch in einem spielerischen und kreativen Umgang Zweisprachiger mit Sprache(n) zeigen.

- ▷ Die Trennung von Wortklang und -bedeutung kann dazu führen, dass zweisprachige Kinder früher als einsprachige unabhängig von konkreten Gegenständen und Wahrnehmungen – und damit flexibler und abstrakter – denken können.

- ▷ Zweisprachige Kinder müssen in jedem neuen Kontakt mit einem Fremden herausfinden, welche Sprache er wie gut versteht und spricht. Zudem machen sie die Erfahrung, dass dasselbe Wort je nach sprachkulturellem Hintergrund unterschiedliche Bedeutungen haben kann. Zweisprachige Kinder besitzen daher oft besonders früh die ausgeprägte Fähigkeit, die Perspektive des Gesprächspartners zu berücksichtigen.

- ▷ Zweisprachige Kinder machen die Erfahrung, dass Menschen Gestik und Mimik unterschiedlich einsetzen. Das kann die Entwicklung nonverbaler Sensibilität begünstigen.

- ▷ So bilden zweisprachige Kinder mitunter besondere (interkulturelle) Kommunikationskompetenz aus, die sich in einer generellen Aufmerksamkeit und Empathie niederschlägt.

2 „Ich bin Griechin, aber ich kann auch Deutsch!“ Zweisprachige Entwicklung

„Ich bin Griechin, aber ich kann auch Deutsch!“ – diese mit Stolz vorgetragene Feststellung stammt von der fünfjährigen Sofia. Sie wächst in Griechenland auf, mit einer deutschen Mutter und einem griechischen Vater. Wie werden Kinder zweisprachig? Wie gehen sie mit ihren Sprachen um? Das sind die zentralen Fragen dieses Kapitels.

2.1 Wie erwerben Kinder Sprache(n)?

In Kapitel 1.1 ist gezeigt, wie komplex Sprache ist: Durch sie können wir Gedanken innerlich ordnen und speichern, Handlungen planen und mit anderen Menschen kommunizieren. Sprache besteht neben Aussprache, Sprachmelodie, Gestik, Mimik und kulturellen Regeln der Kommunikation vor allem aus Wörtern – lautlichen Symbolen – und aus Grammatik, die das Verhältnis der Wörter untereinander regelt. Kinder erwerben all dies mit ihrer Muttersprache – zweisprachige Kinder entsprechend mit ihren zwei Muttersprachen – und zwar ganz von allein! Wie machen sie das? Darüber gab und gibt es auch in der Forschung viele Diskussionen. Verschiedene Wissenschaftler haben eine Reihe von Erklärungsansätzen hervorgebracht, die unterschiedliche Schwerpunkte haben und sich teilweise sogar widersprechen. Gerade dadurch spiegeln sie aber die Komplexität des kindlichen Spracherwerbs, und zeigen, dass letztendlich auch Wissenschaft und Forschung diesen nicht erschöpfend erklären können. Zusammen bieten die Ansätze einen guten Einblick in die Grundsätze kindlicher Spracherwerbsprozesse, die für ein- und mehrsprachig aufwachsende Kinder gleichermaßen zutreffen.

Wissen wir etwas darüber, wie Kinder Sprache(n) erwerben, so können wir erstens: Kinder in ihrer Sprachentwicklung angemessen unterstützen, und zweitens: sprachliche Phänomene, die wir bei Kindern beobachten, besser verstehen.

„Baby Bett!" Spracherwerb ist Imitation

Der sogenannte behavioristische Ansatz des Spracherwerbs wurde vor allem durch Burrhus F. Skinner geprägt. Seine zentrale Idee lautet, dass Kinder Sprache durch Imitation und Verstärkung erwerben. Zunächst ein Beispiel zur Imitation, also zur Nachahmung:

Mutter: „Das Baby kommt
Kind: „Baby Bett."[29]

Kinder imitieren die Sprache ihrer Umwelt (und übrigens auch die Gesten, die eine bestimmte Bedeutung haben). Dabei verkürzen sie oft die ursprüngliche Aussage und beschränken sich auf die wichtigsten Wörter. Die Bedeutung des Gesagten erschließt sich ihnen oft aus dem Kontext – im Beispiel sieht das Kind, wie die Mutter das Baby ins Bett legt. Häufig ahmen Kinder aber auch die Laute oder Wörter nach, ohne dass sie ihren Sinn verstehen. Es ist offensichtlich, dass es ihnen Spaß macht, spielerisch Sprache zu produzieren. Dazu ein weiteres Beispiel:[30]

☺ Hannes (3;5, einspr. dtsch.): „Porzellan! Porzellan! Porzellan!"
Julia: „Warum sagst Du das?"
Hannes: „Ich spreche griechisch!"

Der einsprachig deutsche Hannes imitiert allein den *Klang* des Wortes *Porzellan*, ohne seine Bedeutung zu kennen. Zudem ist er gerade aus einem Griechenlandurlaub zurückgekehrt, in dem er die griechische Sprache als fremde Sprache wahrgenommen hat. Das Wort *Porzellan* kommt ihm ebenso fremdartig – und daher „griechisch" vor.

Dies führt einen Moment weg von Skinners Ansatz, hin zu einer wichtigen Voraussetzung der Imitation, nämlich der *Wahrnehmung*: Um die Aussprache seiner Muttersprache(n) zu erwerben, muss ein Kind zunächst die verschiedenen Laute und Klänge der Sprache wahrnehmen können. Welche Dinge Babys zu unterscheiden in der Lage sind, kann anhand der sogenannten *Saugrate* gemessen werden. Aus der Babyforschung weiß man, dass Babys in dem Moment, in dem sie etwas neues, unbekanntes wahrnehmen, stärker und schneller an ihrem Schnuller saugen, als wenn ihnen das, was sie sehen oder hören bekannt ist, und sie sich bereits daran gewöhnt haben.

Bezüglich der Wahrnehmung von Sprache und Lauten sind bei kleinen Kindern erstaunliche Fähigkeiten auszumachen. Sie können bereits im Alter von vier Tagen ihre Muttersprache von anderen Sprachen unterscheiden! Dennoch ist zu diesem Zeitpunkt noch alles offen. Mit ca. sechs Monaten sind Kinder dazu in der Lage, die Laute *aller Sprachen der Welt* voneinander zu unterscheiden (z.B. afrikanische Klicklaute oder französische Nasale). Diese Fähigkeit ist also *angeboren*, denn die Kinder sind mit den meisten dieser Sprachen ja gar nicht in Kontakt gekommen. Sie geht jedoch bald verloren. Schon mit zehn Monaten setzt eine Konzentration auf die Laute der Muttersprache(n) ein.[31] Damit wird natürlich gleichzeitig die Fähigkeit eingeschränkt, die Laute anderer Sprachen zu *produzieren*. Und tatsächlich unterscheidet sich das Lallen von Babys bereits im Alter von ca. einem Jahr je nach ihrer Muttersprache(n).[32]

Neuere Untersuchungen zeigen, dass schon der geringe Kontakt zu einer Sprache ausreicht, um ihre Laute auch weiterhin wahrzunehmen zu können: Neunmonatige amerikanische Babys wurden von einer chinesischen Muttersprachlerin auf Mandarin angesprochen, und zwar innerhalb von vier Wochen zwölf mal je 25 Minuten lang. Die Kinder konnten die Laute dieser Sprache auch drei Monate später noch wahrnehmen, vergleichbare Babys, die keinen Kontakt zu Mandarin hatten, konnten dies nicht.[33] Untersuchungen, welche Auswirkungen ein derartiger Sprachkontakt auf die Lautproduktion hat, stehen noch aus.

Es scheint übrigens, dass Babys bereits allein aufgrund der unterschiedlichen *Mundbewegungen*, die das Sprechen der verschiedenen Laute mit sich bringt, Sprachen voneinander unterscheiden können.[34]

Während Babys bei der Geburt also noch offen für die Laute aller Sprachen der Welt sind, konzentrieren sie sich bereits innerhalb des ersten Lebensjahres zunehmend auf ihre Umgebungssprache(n). Die Aussprache wird damit sehr früh festgelegt. Das erklärt auch, warum zwei- oder mehrsprachig aufwachsende Kinder ihre Sprachen meist akzentfrei erwerben, während ältere Kinder oder Erwachsene nur selten dazu in der Lage sind, sich die Aussprache einer Fremdsprache richtig anzueignen. Das wird im folgenden Beispiel veranschaulicht. Es stammt von zwei Kindern aus einem griechisch-deutschen Kindergarten in Athen. Dort arbeitete eine deutsche Erzieherin (Maria) und eine griechische Erzieherin (ebenfalls Maria). Die Unterscheidung zwischen beiden konnte also nur durch die deutsche bzw. griechische Aussprache des Namens getroffen werden.

☺ Sofia (5;5, zweisprachig):	„Die Maria hat das gesagt!
Markos (5;3, zweisprachig):	„Μαρία oder Maria?“ *(gr. / dtsch. Aussprache)*
Kostis (5;6, einsprachig):	„Μαρία και Μαχία!“ (*Maria (gr. „r“) und Machia!* , *wobei das deutsche „r“ wie ch Dach ausgesprochen wird)*

Es wird deutlich: Während die zweisprachigen Kinder problemlos beide *r*s aussprechen können, ist der einsprachig griechische Kostis dazu nicht mehr in der Lage. Er bemüht sich, das deutsche *r* zu imitieren, welches in seiner Wahrnehmung dem *ch*-Laut (wie in Da*ch*) gleicht, der sowohl im Griechischen, als auch im Deutschen vorhanden ist. Die sensible Phase für den Erwerb der Aussprache scheint bereits weit fortgeschritten. Hier gilt also eindeutig: Je früher desto besser! Zwar ist es grundsätzlich auch im Erwachsenenalter möglich, die Aussprache einer Sprache gut zu erwerben, insbesondere, wenn man sich längere Zeit in dem entsprechenden Land aufhält. Meist gelingt das jedoch nicht mehr, zum einen, weil die Wahrnehmung nicht mehr so differenziert ist, wie in den ersten Lebensmonaten. Zum anderen, weil natürlich auch die motorischen Fertigkeiten für die Produktion bestimmter Laute, die bisher nie ausgesprochen wurden, fehlen. So fällt es deutschsprachigen Schülern und Erwachsenen sehr schwer, das englische *th* oder das spanisch gerollte *r* richtig auszusprechen. Griechen haben Schwierigkeiten, ein *ü* von einem *i* zu unterscheiden. Das bekannteste Beispiel sind wohl die Chinesen, für die sich *l* und *r* gleich anhören, und die standhaft „Auf Wiedelsehn!" sagen. Für uns kaum vorstellbar! (Und für die Betreffenden mitunter sehr problematisch: Denn eine fehlerhafte Aussprache wird von den Zuhörern oft mit mangelnder Sprachfähigkeit gleichgesetzt – ganz unabhängig davon, wie gut der Sprecher tatsächlich die Sprache beherrscht.) Aber so weit müssen wir gar nicht blicken: Auch innerhalb *eines* Sprachraumes verraten Sprachmelodie und Aussprache etwas darüber, wo ein Mensch aufgewachsen ist. Ein Bayer spricht anders als jemand aus dem Ruhrgebiet, und das wird ein Leben lang so bleiben.

Der Erwerb der Aussprache hat also sowohl mit angeborenen Fähigkeiten, als auch mit Imitation zu tun. Dadurch *allein* kann jedoch kein Mensch Sprache erwerben, und damit kommen wir noch einmal zurück zum behavioristischen Ansatz: Auch das Verhalten der Umwelt spielt eine wichtige Rolle, nämlich, indem sie auf richtige Äußerungen des Kindes verstärkend reagiert. Nun klingt der Begriff *Verstärkung* sehr mechanisch. Passender ist es, von *positiven Reaktionen* zu sprechen. Und das kann vieles sein: Das Kind hochzuheben, wenn es die Arme ausstreckt, ihm Saft zu geben, wenn es „Saft!" sagt, oder auch einfach nur freundlich auf seine Äußerungen einzugehen – „Ja, das Baby kommt ins Bett! Willst Du auch ins Bett?". Es hängt auch vom Alter des Kindes ab, ob eine Äußerung als passend eingestuft wird. Ein einjähriges Kind hebt die Arme, bei einem Dreijährigen würde man „Ich will auf den Arm!“ als angemessen empfinden. Beobachtungen zeigen, dass enge Bezugspersonen, insbesondere Mütter, ihre Reaktionen meist instinktiv dem Sprachniveau ihrer Kinder anpassen.[35]

Je häufiger ein Kind auf seine nonverbale oder sprachliche Äußerung eine positive Reaktion erfährt, desto mehr festigt sich diese in seinem Sprachrepertoire, so sagt es der hier beschriebene Ansatz. Aber man kann dies noch weiter führen und sagen: Je häufiger positiv auf sprachliche Äußerungen eines Kindes *generell* reagiert wird, desto mehr Freude wird es am Sprechen haben, und das ist eine gute und wichtige Voraussetzung für den weiteren Spracherwerb.

„Die Tiere schlefen alle!“ Spracherwerb durch Intuition

Spracherwerb vollzieht sich also durch Imitation und durch Reaktionen der Umwelt. Zeigt sich das auch in folgendem Beispiel[36]?

Kind:	„Meine Lehrerin hat die Babyhasen gehaltet.“
Mutter:	„Hast Du gesagt, dass deine Lehrerin die Hasen gehalten hat?“
Kind:	„Ja.“
Mutter:	„Was hat sie getan?“
Kind:	„Sie hat die Hasen gehaltet.“
Mutter:	„Hat sie sie festgehalten?“
Kind:	„Nein, sie hat sie ganz lose gehaltet.“

Was passiert hier? Dieses Kind ist weit davon entfernt, zu imitieren! Auch die Reaktion der Mutter hat keinerlei Auswirklungen, das Kind bleibt ihren Verbesserungsversuchen gegenüber resistent. Wie kommt das Kind dazu, *gehaltet* zu sagen? Auf den ersten Blick könnte man denken, es ist ja noch klein und macht eben Fehler. Das Gegenteil ist jedoch der Fall! Das Kind *wendet die Regeln* der regelmäßigen Verbbeugung an: malen – gemal*t*, kochen – gekoch*t*, halten – gehalte*t*. Dazu ein weiteres Beispiel:[37]

☺ Eine Mutter schaut gemeinsam mit ihrer zweieinhalbjährigen Tochter ein Bilderbuch an.

Mutter: „Guck mal, der Löwe schläft, der Tiger schläft und die Giraffe schläft.“ (*Sie spricht schläft „schleft“ aus*).

Tochter: „Und hier die anderen Tiere schlefen auch alle!“

Es ist eindeutig: Nachdem das Kind mehrmals das Wort *schleft* gehört hat, leitet es daraus unmittelbar und eigenständig die Form schlefen ab!

Auch in der Pluralbildung ist häufig zu beobachten, dass den vermeintlichen Fehlern Regeln zugrunde liegen: ein Stern – zwei Stern*e*, ein Haus – zwei Haus*e*. Oder: ein Auto – zwei Auto*s*, ein Mädchen – zwei Mädchen*s*. Derartige „Fehler“ zeigen, dass kindlicher Spracherwerb keinesfalls nur aus Imitation bestehen kann. Denn die Kinder bilden ja *eigenständig* Formen, die sie so in ihrem Umfeld kaum gehört haben dürften, und daher auch nicht nachahmen können. Insgesamt machen Kinder recht wenige Fehler – im Verhältnis zu allen, die in einem Satz möglich wären – sie fallen uns bloß stärker auf. Und das ist eigentlich paradox, denn machen wir uns bewusst, dass bereits Zwei- oder Dreijährige das hochkomplexe System grammatischer Regeln selbstständig anwenden, dann müsste uns *jede* Äußerung eines Kindes wie ein Wunder erscheinen. Nun, „Wunder“ ist natürlich keine wissenschaftliche Erklärung. Damit wollte sich auch Noam Chomsky nicht zufrieden geben, der aufgrund dieser Beobachtungen die Ideen Skinners scharf kritisierte, und einen eigenen, den sogenannten nativistischen Ansatz, entwickelte. Dem zufolge kann ein Mensch nicht jeden Satz, den er spricht, zuvor durch Verstärkung erworben haben – das würde schon zeitlich nicht gehen. Außerdem ist Sprache kreativ – aus einem begrenzten Wortschatz und mit Hilfe eines Regelsystems können ständig beliebig viele neue Sätze gebildet werden. Kinder erwerben dieses grammatische Regelsystem während ihrer sprachlichen Entwicklung. Dazu sind sie mit der angeborenen Fähigkeit ausgestattet, Regeln aus der Sprache ihrer Umgebung abzuleiten, auszuprobieren und so lange zu verbessern und zu verfeinern, bis sie sie korrekt beherrschen. Dies machen Kinder in einem Alter, in dem sie weit davon entfernt sind, abstrakt denken zu können!

Dazu ein Beispiel: Füllt man vor den Augen eines Dreijährigen Wasser von einem schmalen hohen Glas in ein breites flaches Glas und fragt: Ist es nun mehr Wasser, weniger oder gleich viel? So bekommt man als Antwort: „Mehr, weil es breiter ist.“. Oder: „Weniger, weil es flacher ist.“.[38] Weder sind die Kinder dazu in der Lage, die Dimensionen „breiter“ und „flacher“ zusammenzuführen, noch, zurück zu denken, denn dann würde ihnen ja auffallen, dass kein Wasser verschüttet wurde.

In diesem Alter aber wenden Kinder bereits komplexe grammatische Regeln an! Kinder erwerben Sprache offensichtlich *unabhängig* von ihren Denkfähigkeiten, also *unbewusst-intuitiv*. Erst ab ca. dem dritten Lebensjahr *beginnt* der Spracherwerb, sich bewusst und explizit zu vollziehen. Dies ist einer der Gründe, weshalb es kaum möglich ist, sprachliche Fehler von kleinen Kindern zu verbessern: Sie reflektieren nicht bewusst über Sprache, folglich wird ihnen auch der eigene Fehler nicht bewusst. Zudem haben Kinder auch wenig Interesse an der *Form* des Gesagten – sie nehmen Sprache nicht als Regelsystem wahr – für sie ist wichtig, was sie mit Sprache *machen* können. Dennoch wenden sie eigenständig grammatische Regeln an. Hört sich *doch* ein bisschen an wie ein Wunder? Nun, so ist es wohl auch.

„Hallo und Tschüss!“ Spracherwerb in Interaktion

Es gibt also genügend Belege dafür, dass die Fähigkeit, Sprache zu erwerben, dem Menschen angeboren ist. Genauso steht außer Zweifel, dass sich diese Fähigkeit nur dann entfalten kann, wenn *sprachlicher Input* vorhanden ist. Was bedeutet aber sprachlicher Input? Wie sollte er beschaffen sein, um den kindlichen Spracherwerbsprozess bestmöglich zu unterstützen? Mit dieser Frage hat sich der Entwicklungspsychologe Jerome Bruner beschäftigt. Ein Aspekt, der in den anderen Erklärungsansätzen außer Acht gelassen wurde, tritt nun in den Vordergrund: Die soziale Interaktion, also das Miteinander-in-Kontakt-treten und kommunizieren. Bruner hat in seinen Studien die Interaktion zwischen Mutter und Kind sehr detailliert untersucht und dokumentiert. Hier zunächst ein Beispiel aus seinen Arbeiten:[39]

> Die Mutter versteckt ihr Gesicht hinter einem Tuch, und sagt: „Tschüss!“ Dann guckt sie wieder hinter dem Tuch hervor und ruft: „Hallo!“ Richard schaut zu und lacht, babbelt.
>
> Mit 1;2 versteckt Richard selbst sein Gesicht, lässt es hervorkommen, die Mutter ruft „Hallo!“
>
> Mit 1;9 versteckt er Puzzelteile in einem Topf. Er holt jedes einzelne hervor und ruft jedes Mal: „Hallo Haus!“. Er lässt es verschwinden und ruft: „Tschüss Haus!“
>
> Während dieses Spiels klingelt es an der Tür.
> Richard zeigt auf die Tür und ruft: „Hallo!“
>
> In diesem Alter sagt er: „Hallo!“ wenn sein Vater nach Hause kommt, und „Tschüss!“ wenn er das Haus verlässt.

Wie wird hier Sprache erworben? Zunächst einmal beschäftigen Mutter und Kind sich gemeinsam mit denselben Gegenständen und Ereignissen. Das erscheint auf den ersten Blick nicht besonders spektakulär, ist aber von unschätzbarer Wichtigkeit für den Spracherwerb: Dass das Kind und sein Kommunikationspartner gemeinsam in dieselbe Situation *involviert* sind, sowohl emotional, als auch auf sachlich-inhaltlicher Ebene. Zunächst erscheint es zwar so, als ob die Mutter allein aktiv ist, indem sie sich auf Richard konzentriert, ihr Gesicht versteckt, es wieder erscheinen lässt und dabei „Tschüss“ und „Hallo“ sagt. Dieses Verhalten ruft aber bei Richard Lachen und Babbeln hervor, das wiederum die Mutter dazu anregt, das Spiel zu wiederholen. Indem die Mutter das Verhalten Richards als Gesprächsbeitrag behandelt, befinden sich die beiden von Anfang an in einem *wechselseitigen Dialog*. Je älter

Richard wird, desto mehr übernimmt er den aktiven Part: Er beginnt, selbst sein Gesicht zu verstecken – und so am eigenen Leibe zu erfahren, was *verschwinden* bedeutet – und seine Mutter kommentiert dies sprachlich. Später spielt er das Spiel ganz allein, indem er Dinge verschwinden und wieder auftauchen lässt, und dabei spricht. Der grundsätzliche Inhalt des Spiels bleibt also immer gleich – Verschwinden und Wiedererscheinen. Auf der Grundlage dieses bekannten Schemas werden nun die Wörter *Hallo* und *Tschüss* erworben – gar nicht so einfach übrigens, denn anders als *Hund* oder *Pferd* können *Hallo* und *Tschüss* nicht gesehen oder angefasst werden! Schließlich überträgt Richard seine Erfahrungen aus dem Spiel auf wirkliche Begebenheiten, und begrüßt seinen Vater mit „Hallo!". In Interaktion werden auch die kulturellen Regeln der Kommunikation erworben. Es ist denkbar, dass Richard eines Tages zu seinem Schuldirektor „Hallo!" sagt und dann darauf hingewiesen wird, dass er hier besser „Guten Tag, Herr Schubert!" sagen solle.

Hätte Richard dies alles nicht auch erwerben können, wenn er immer wieder ein entsprechendes Video angeschaut hätte? Ja und nein. Sicher hätte er nach einiger Zeit die Wörter imitiert. Auch hätte er begriffen, dass bei Verschwinden „Tschüss" und bei Wiedererscheinen „Hallo" gesagt wird. Das wäre aber auch schon alles, und daher ein recht oberflächlicher Entwicklungsfortschritt. Denn weder könnte Richard die wichtige Erfahrung machen, sich aktiv einbringen und das Geschehen beeinflussen zu können, noch wäre er emotional in die Situation involviert. Daher würde sein Interesse schnell nachlassen. Auch würde er selbst nicht die Erfahrung machen, wie sich *verschwinden* anfühlt und was es bedeutet. Schließlich ist es per Video kaum möglich, die kulturellen Feinheiten des Begrüßens und Verabschiedens zu vermitteln.

Kommen wir noch einmal auf die oben zitierte Untersuchung zurück, in der eine Chinesin neunmonatige amerikanische Babys ansprach, und diese daraufhin die Laute der Sprache wahrnehmen konnten. Sie liefert in diesem Zusammenhang einen eindeutigen Beleg: Spielte man nämlich anderen neunmonatigen amerikanischen Babys genauso oft eine *DVD* mit der Mandarin-Sprecherin vor, so hatte dies keinerlei Auswirkung!

Soziale Interaktion ist also für den Spracherwerb Voraussetzung, und das gilt für einsprachig aufwachsende Kinder natürlich genauso, wie für zweisprachige. Bei ihnen kommt aber noch etwas hinzu: Zweisprachige Kinder erleben täglich Interaktion in *zwei* Sprachen. Wie sie damit umgehen, und dass sie schon sehr früh wissen, mit wem sie welche Sprache sprechen können, das ist in Kapitel 2.2 beschrieben.

Vom Tennisball zum Erdball: Spracherwerb und Kognition

In Kapitel 1.1 ist dargestellt, wie eng die kognitive Entwicklung – also die Entwicklung von Wahrnehmung und Denken – und der Spracherwerb miteinander verknüpft sind. Der Entwicklungspsychologe Jean Piaget hat sowohl die kognitive als auch die sprachliche Entwicklung von Kindern eingehend untersucht. Für ihn vollzieht sich Entwicklung durch die aktive Auseinandersetzung des Kindes mit seiner Umwelt. In Zusammenhang mit dem Spracherwerb stellte er sich die folgende Frage: Welche Denkleistungen muss ein Kind vollziehen, um Sprache erwerben und kommunizieren zu können? Seine Antwort besteht aus vier Aspekten. Diese wirken zunächst vielleicht etwas zusammenhanglos – ihre Bedeutung für den Spracherwerb wird am Ende deutlich.

Ein Kind entwickelt sich, indem es seine Umwelt wort-wörtlich begreift, sie also mit all seinen Sinnen wahrnimmt: Wie riechen und schmecken die Dinge? Wie fühlen und hören sie sich an? Wie fühlt sich mein Körper an, wenn ich die Dinge berühre, mich darauf setze? Diese konkreten, ganzheitlichen Erfahrungen sind die Grundvoraussetzung für die gesamte Entwicklung des Kindes. Sie werden im Laufe des Spracherwerbs durch Worte ausgedrückt: So entwickelt ein Kind eine Vorstellung davon, was ein Ball ist, indem es ihn sieht (er ist rot), anfasst (glatt), anstößt (rollt weg), sich darauf setzt (ist wackelig). Irgendwann sagt es: „Ball“. Das Wort beinhaltet all diese konkreten, ganzheitlichen, sinnlichen Erfahrungen.

Die ersten Worte eines Kindes repräsentieren also in besonderem Maße seine ersten, konkreten Erfahrungen. Daher ist auch die Muttersprache, in der sich das Kind diese Worte aneignet, so wichtig für seine *gesamte* weitere Entwicklung. Und das gilt natürlich für einsprachige Kinder genauso, wie für Kinder, die mit zwei Sprachen aufwachsen.

Mit der Zeit kommen zu diesen ersten Erfahrungen und Worten differenziertere hinzu – so wird das Kind etwa lernen, einen Tennisball von einem Fußball, und diesen von einem Medizinball zu unterscheiden. Auf der Grundlage dieser konkreten Erfahrungen wird es einmal dazu in der Lage sein, über den Erdball zu philosophieren, ohne dass es ihn jemals direkt wahrnehmen könnte.

Bevor es dazu kommen kann, braucht das Kind aber noch weitere Fähigkeiten: Zunächst einmal nämlich die Einsicht, dass Objekte auch dann existieren, wenn sie nicht direkt wahrnehmbar sind. Piaget nannte dies die *Objektpermanenz*: Man zeigt einem Kind z.B. eine Puppe, und verdeckt diese dann mit einem Tuch, während das Kind dabei zusieht. Die Reaktionen der Kinder unterscheiden sich je nach Alter: Einjährige Kinder wenden sich ab, schauen woanders hin und beginnen sich zu langweilen – die Puppe, einmal unsichtbar, existiert für sie nicht mehr. Dagegen versuchen Kinder ab ca. anderthalb bis zwei Jahren, hinter das Tuch zu schauen, es hochzuheben oder sie starren zumindest gebannt darauf. Sie wis-

sen also, dass die Puppe noch da ist, auch, wenn sie sie nicht mehr sehen können. Nimmt man die Puppe heimlich hinter dem Tuch weg, und zieht es dann hoch, ist das Erstaunen bei diesen Kindern groß – ein weiterer Beweis dafür, dass die Kinder eine *innere Abbildung* der Puppe erworben haben.

Ebenfalls im Alter von ca. anderthalb bis zwei Jahren beginnen Kinder, Dinge symbolisch für andere Dinge zu verwenden: Ein Holzklotz wird im Spiel zu einem Auto, Sand zu Wasser. Diese sogenannte Symbolfunktion ist die dritte kognitive Grundlage des Spracherwerbs.

Warum sind nun konkrete Erfahrungen, Objektpermanenz und Symbolfunktion so wichtig für den Spracherwerb? Stellen Sie sich vor, jemand fragt Sie: „Möchten Sie ein Schokoladen- oder ein Vanilleeis?" Dann wissen sie sofort, das Eis sich kalt und zugleich weich anfühlt, dass Schokoladeneis braun ist und nach Schokolade schmeckt, und Vanilleeis nach Vanille ... Dies alles wissen Sie deshalb, weil Sie *konkrete Erfahrungen* mit Eis gemacht haben. Sie können über die Entscheidung Schokolade oder Vanille nachdenken, auch ohne dass sie die Eissorten *direkt sehen oder probieren* müssen. Ihre Denkprozesse werden lediglich durch das *lautliche Symbol* „Schokoladeneis" hervorgerufen. Gehen wir noch einen Schritt weiter: „Es gibt auch Kartoffeleis!" Kartoffeleis? Sie denken nun an Eis und Kartoffelgeschmack. Sie versuchen, sich eine Vorstellung zu machen, indem sie ihre konkreten Erfahrungen in Gedanken zu etwas neuem zusammenführen, also im weitesten Sinne *abstrakt* denken.

Nun zeigt sich auch, wie ein Kind mit der Zeit dazu kommt, über den Erdball zu philosophieren: Seine konkrete, ganzheitliche Erfahrung wird durch das Wort *Ball* repräsentiert. Durch Objektpermanenz und Symbolfunktion kann es über einen Ball sprechen, auch, wenn keiner gegenwärtig ist, und sich schließlich den Erdball vorstellen, ohne ihn je mit allen Sinnen be-greifen zu können. Hier wird noch einmal der enge Zusammenhang zwischen sprachlicher und kognitiver Entwicklung deutlich: Bestimmte Schritte in der kognitiven Entwicklung sind Voraussetzung für die Verwendung von Sprache – und Sprache gleichzeitig auch Voraussetzung zum abstrakten Denken.

Um ein richtiges Gespräch führen zu können, bedarf es einer weiteren Fähigkeit, nämlich, die Dinge aus Sicht des Gesprächspartners betrachten zu können. Kleinere Kinder stellen Behauptungen auf, ohne diese zu begründen oder nennen Namen, ohne zu erklären, um wen es sich genau handelt. Sie kümmern sich nicht darum, ob der Gesprächspartner dies alles nachvollziehen kann – sie gehen einfach davon aus, dass er es kann. Ab ca. dem vierten Lebensjahr beginnen Kinder allmählich zu erkennen, dass ihre eigene Sichtweise (konkret und abstrakt) nicht die einzig existierende ist, sondern dass verschiedene Menschen unterschiedliche Sichtweisen einnehmen können, und dies meistens auch tun.[40] Es entwickelt sich die Fähigkeit zur *Übernahme der Perspektive anderer*. Mit ihr erlangen Kinder nun die Einsicht, dass sie die Dinge erklären müssen, wollen sie wirklich verstanden werden. Untersuchungen weisen darauf hin, dass zweisprachig aufwachsende Kinder diese Fähigkeit früher erlangen als einsprachige (dazu und zu Untersuchungsmethoden siehe Kapitel 1.5).

Voraussetzungen für den Spracherwerb

Es wird deutlich, wie komplex kindliche Spracherwerbsprozesse sind, und wie eng sie mit der gesamten Entwicklung des Kindes verwoben sind. Auch, wenn Kinder Sprache(n) ganz von allein und ohne bewusste Anstrengung erwerben, so müssen doch einige Voraussetzungen gegeben sein, damit sich die sprachlichen Fähigkeiten ungehindert entfalten können. Zunächst ist es wichtig, dass Kinder über eine intakte *sensorische Integration* verfügen. Das bedeutet, dass die folgenden unterschiedlichen Sinnesreize im Gehirn zusammengeführt und verarbeitet werden können:

- Empfinden von Schwerkraft und Bewegung
- Wahrnehmung und Kontrolle der Muskelspannung
- Tastsinn
- Sehen
- Hören

Diese fünf Sinne bilden gemeinsam den Grundstein für die Entwicklung komplexer Fähigkeiten, und damit auch für den Spracherwerb. Voraussetzungen für die Wahrnehmung von Sprache ist die Ausrichtung des Kopfes zur Geräuschquelle, den Kopf gerade zu halten, zu sehen (Handlung, nonverbale Kommunikation) und zu hören. Für die Sprachproduktion sind feinmotorische Abstimmungen von Zunge, Lippen und Stimmbändern erforderlich, sowie die Wahrnehmung und Kontrolle der Produktion durch hören.[41]

Eine ganz andere, aber eben so wichtige Voraussetzung für die Entwicklung kindlicher Sprachfähigkeiten ist ein Umfeld, welches von *Zuneigung und Wärme* geprägt ist. Ein Kind kann sich nur dann frei entfalten, wenn es sich angenommen und geborgen fühlt. Dies gilt generell für alle Bereiche der kindlichen Entwicklung. Auf die sprachliche trifft es in besonderem Maße zu, weil die soziale Interaktion eine zentrale Rolle im Spracherwerb einnimmt. Fühlt ein Kind sich unwohl, ist es eingeschüchtert, hat es Angst o.ä., mag und wird es nicht kommunizieren.

Besonderheiten des zweisprachigen Spracherwerbs

Kinder erwerben also durch Imitation und angeborene Fähigkeiten, unbewusst-intuitiv, in sozialer Interaktion, durch konkrete Erfahrungen und in Wechselwirkung mit der kognitiven Entwicklung Sprache. Egal, ob ein Kind mit einer, zwei oder mehr Sprachen aufwächst – in den ersten Lebensjahren folgen die Spracherwerbsprozesse diesen Prinzipien. Dennoch gibt es Unterschiede, die vor allem das Umfeld des Kindes betreffen:

Ein zweisprachiges Kind wächst – sofern es nicht in einem mehrsprachigen Land wie z.B. der Schweiz oder Luxemburg lebt – mit mindestens einer Sprache auf, die *nicht* Landessprache ist. Ein griechisch-deutsches Kind z.B. hat in Deutschland nicht selbstverständlich so viele Möglichkeiten, griechisch zu hören und zu sprechen, wie ein Kind in Griechenland. Dies ist in Kapitel 1.2 ausführlicher besprochen.

Zudem gibt es viele Menschen, die Zweisprachigkeit kritisch gegenüber stehen, während die Sprachentwicklung eines einsprachigen Kindes als etwas ganz Normales wahrgenommen wird. Ganz besonders dann, wenn es sich um Sprachen handelt, die kein besonders hohes Ansehen in der Gesellschaft haben, werden negative oder abwertende Urteile geäußert (siehe Kapitel 1.5).

Memo: Wie erwerben Kinder Sprache(n)?

- ▷ Spracherwerb ist Imitation. Die Umwelt liefert sprachliche Vorbilder und verstärkt Äußerungen des Kindes durch positive Reaktionen.

- ▷ Spracherwerb ist Regelerwerb. Kinder wenden bereits grammatische Regeln an, lange bevor sie dazu in der Lage sind, abstrakt zu denken. Diese Fähigkeit ist ihnen angeboren. Kinder erwerben Sprache unbewusst-intuitiv.

- ▷ Angeboren ist auch die Fähigkeit, die Laute aller Sprachen der Welt wahrnehmen und produzieren zu können. Sie geht innerhalb des ersten Lebensjahres verloren. Danach konzentriert sich das Kind auf die Laute seiner Muttersprache(n).

- ▷ Sprache wird in sozialer Interaktion erworben. Hier werden Wortbedeutungen und kulturelle Regeln der Kommunikation vermittelt. Kinder probieren in der Kommunikation Sprache aus und erleben sich selbst als aktiven Gesprächspartner.

- ▷ Grundlegend für die gesamte Entwicklung des Kindes ist die konkrete Erfahrung der Umwelt mit allen Sinnen. Durch sie werden Vorstellungen von Gegenständen erworben, immer weiter verfeinert, verinnerlicht, und schließlich durch ein Wort symbolisiert. Daher ist Sprache gleichzeitig auch Voraussetzung für die Weiterentwicklung zum abstrakten Denken.

- ▷ Wichtig für den Spracherwerb ist die Fähigkeit, Symbole zu verwenden und die Erkenntnis, dass Dinge auch dann existieren, wenn sie gerade nicht sichtbar sind.

- ▷ Voraussetzung dafür, dass ein Kind wirkliche Gespräche führen kann, in denen es sich erklärt und verstanden wird, ist die *Fähigkeit zur Übernahme der Perspektive* anderer.

- ▷ Die Prinzipien des kindlichen Spracherwerbs gelten für ein- und mehrsprachig aufwachsende Kinder gleichermaßen. Letztere haben jedoch a) meist nicht so viele Möglichkeiten, die *Nichtumgebungssprache* zu hören und zu sprechen und werden b) oftmals mit Skepsis gegenüber Zweisprachigkeit konfrontiert.

Tipps zur Sprachförderung in Familie, Krippe & Kita

Die Spracherwerbsforschung zeigt es: Gesunde Kinder erwerben Sprache quasi von selbst, indem sie angeborene Fähigkeiten zum Spracherwerb in Auseinandersetzung mit ihrer Umwelt entfalten. Dafür brauchen sie *keine* gezielte Förderung, und müssen auch keine Vokabeln oder Grammatikregeln auswendig lernen. Von entscheidender Bedeutung ist jedoch ein Umfeld, in dem Sprache eine wichtige Rolle spielt. Eltern haben somit die größte Verantwortung für die sprachliche Entwicklung ihrer Kinder! Sie können sie am besten unterstützen, wenn sie sich an den dargestellten Prinzipien des kindlichen Spracherwerbs orientieren – und das gilt ebenso für die Sprachförderung in Kinderkrippen und -tagesstätten!

Tipps zur Sprachförderung in Familie, Krippe & Kita

Zuneigung und Wärme

▷ Voraussetzung für die freie Entfaltung eines Kindes ist generell, dass ihm mit Zuneigung, Wärme und Respekt begegnet wird. Fühlt ein Kind sich unwohl, ist es eingeschüchtert, hat es Angst o.ä., mag und wird es nicht gerne und frei sprechen.

Ein gutes Vorbild sein

▷ Sprechen Sie von Geburt an viel mit Ihrem Kind, aber auch mit allen anderen Menschen in Ihrem Umfeld. Entdecken Sie Ihre eigene Freude an Sprache – leben Sie sie Ihrem Kind vor.

▷ Sprechen Sie besonders zu Beginn lebhaft, mit starker Betonung und ausgeprägter Gestik und Mimik, übertreiben Sie es aber nicht (Mütter machen diese meist instinktiv richtig).

▷ Beobachten Sie einmal Ihre eigene Sprache. Sprechen Sie sorgfältig, in ganzen Sätzen und vielfältigen Wörtern? Überlegen Sie, ob es sich lohnen würde, Ihre Sprache ein wenig bewusster zu gestalten, als Vorbild für Ihr Kind (werden Sie dabei aber nicht unnatürlich oder gar lehrerhaft!)

Gespräche führen

▷ Ihr Neugeborenes kommuniziert mit Ihnen durch Laute, Blicke, Gestik und Mimik. Werden Sie sensibel dafür, nehmen Sie all dies als einen Gesprächsbeitrag, und antworten Sie darauf.

▷ Ihr Kind sollte von Anfang an aktiv in Gespräche eingebunden sein, also auf das reagieren können, was Sie sagen, und erleben, dass seine Gesprächsbeiträge wiederum Reaktionen bei Ihnen auslösen.

- ▷ Greifen Sie Themen und Erfahrungen Ihres Kindes auf. Wenn es Ihnen z.B. ein Bild zeigt, sagen Sie nicht einfach: „Oh, schön!“, sondern fangen Sie ein Gespräch darüber an. Fragen Sie nach, erzählen Sie selbst etwas dazu.

- ▷ Fragen Sie Ihr Kind nach seinen Erlebnissen: „Was hast Du heute im Kindergarten gemacht? Ein neues Lied gesungen? Hat es Dir gefallen? Dann möchte ich es auch gerne lernen ...“

- ▷ Nehmen Sie sich genügend Zeit für Gespräche mit Ihrem Kind.

- ▷ Fernsehen ist das Gegenteil eines Dialogs! Das Kind kann nicht auf das Gesagte reagieren, und erst recht reagiert das Programm nicht auf das, was Ihr Kind sagt. Schränken Sie daher den Fernsehkonsum ein, bzw. schauen Sie mit Ihrem Kind gemeinsam fern, und sprechen Sie mit ihm über das Gesehene.

Fehler indirekt verbessern

- ▷ Direkte Verbesserungen („Das heißt gegangen!“) oder Aufforderungen zum Nachsprechen („Sag mal gegangen!“) sind demotivierend für das Kind und darüber hinaus meist erfolglos.

- ▷ Besser ist es, das Kind indirekt zu verbessern. Aber: Bei einer reinen Wiederholung des Satzes („Ja, Du bist schnell gegangen!“) wird sich das Kind erstens nicht ernst genommen und zweitens nicht dazu motiviert fühlen, eine Antwort zu geben.

- ▷ Stellen Sie deshalb offene Fragen („Wohin bist Du denn so schnell gegangen?“). So verbessern Sie indirekt, signalisieren darüber hinaus Interesse an dem *Inhalt* des Gesagten und motivieren das Kind zu Antworten, die über *ja* und *nein* hinausgehen.

Sprache als fester Bestandteil im Alltag

▷ Lesen Sie Ihrem Kind regelmäßig vor. Räumen sie dem Bücherlesen einen festen Platz im Tagesablauf ein, z.B. abends vor dem zu Bett gehen. Schaffen Sie dazu Rituale und eine besondere Atmosphäre, zünden Sie etwa eine Kerze an.

▷ Begleiten Sie Ihr eigenes Handeln und das Ihres Kindes durch Sprache, zunächst, indem Sie einfach alles kommentieren („So, jetzt lege ich die Löffel auf den Tisch"). Später bauen Sie Sprache als wichtigen Bestandteil in die Handlung ein („Heute gibt es Suppe. Welches Besteck brauchen wir da?").

▷ Belassen Sie es nicht bei Alltagsdialogen wie: „Möchtest Du etwas trinken?" oder „Komm, wir gehen spazieren!". Die natürliche Neugier des Kindes fordert sprachliche Vielfalt geradezu heraus: „Warum scheint die Sonne"? „Woher weißt Du das?" „Schau mal hier, was ist das denn?" „Hörst Du auch dieses komische Geräusch?"

▷ Vermitteln Sie Ihrem Kind, wo immer es möglich ist, konkrete Erfahrungen. Schauen Sie sich z.B. nicht nur ein Bilderbuch über das Brotbacken an, sondern backen Sie selbst eines. Je vielfältiger die Erfahrungen, desto intensiver wird Ihr Kind seine Umwelt be-greifen, und desto mehr hat es zu erzählen!

▷ Sehen Sie Sprachförderung niemals als Training oder gezieltes Üben an! Weder das Tempo noch die Reihenfolge, in der Ihr Kind bestimmte sprachliche Fähigkeiten erwirbt, können Sie beeinflussen.

▷ Gestalten Sie das sprachliche Klima in Ihrer Familie so, dass die Sprache des Kindes auf natürliche Weise herausgefordert wird und vermitteln Sie ihm Spaß an Sprache – dies ist die beste Unterstützung des Spracherwerbs Ihres Kindes!

2. 2 Der Sprachgebrauch zweisprachiger Kinder

Die Sprachen Zweisprachiger (Kinder *und* Erwachsener!) stehen miteinander in Kontakt, sie beeinflussen und ergänzen sich gegenseitig. Dadurch können besondere Sprachmuster entstehen, nämlich: Das *Umschalten* zwischen den Sprachen (*Codeswitching)*; das *Einmischen* einzelner Wörter der einen Sprache in die andere (*Sprachmischung)* und die *Übertragung* von Regeln einer Sprache in die andere (*Interferenz)*.

Neben der Analyse der Sprache sind vor allem die *Umstände* interessant, die zu einem bestimmten Sprachmuster führen, und die *Funktion*, die es in der jeweiligen Situation erfüllt. In diesem Kapitel werden die Sprachmuster anhand von beispielhaften Kinderäußerungen in ihren Grundsätzen dargestellt. Dabei fließen immer auch *Vermutungen* mit ein, denn wir können die Kinder ja nicht fragen, warum sie diese oder jene Formulierung gewählt haben. Es soll aber hier einmal ganz bewusst ein wenig spekuliert werden, um so die Vielfalt möglicher Ursachen aufzuzeigen und Interesse für dieses spannende Thema zu wecken. Die Beschäftigung mit diesen Phänomenen hilft, den Umgang zweisprachiger Kinder mit ihren Sprachen besser verstehen zu können. Äußerungen, die auf den ersten Blick fehlerhaft erscheinen mögen, sind tatsächlich meist Ergebnis sinnvoller und effektiver Verständigungsstrategien!

Die folgenden Kinderzitate stammen (bis auf eine Ausnahme) von zweisprachig aufwachsenden Kindern aus einem griechisch-deutschen Kindergarten in Athen.[42] Ergänzt werden sie durch Zitate von Müttern aus griechisch-deutschen Familien.[43] Dies sind lediglich *Beispiele* für die unterschiedlichen Sprachphänomene, die selbstverständlich für andere Sprachkombinationen genauso gelten.

„Κοίτα – guck!“ Codeswitching

Zweisprachig aufwachsende Kinder sind von klein auf mit Menschen umgeben, die unterschiedliche Sprachen sprechen – manche mehrere, und manche nur eine. Es gehört zum Alltag der Kinder, herauszufinden, wer welche Sprache oder Sprache*n* versteht, um sich dann in der Wahl der eigenen Sprache danach zu richten. Diese – für ein Leben in und mit zwei Sprachen ganz zentrale – Fähigkeit bezeichnet der Begriff *Codeswitching*, wörtlich: das Hin- und Herschalten zwischen zwei oder mehr Sprachen, also das Wechseln von einer Sprache in die andere.

Kinder, die in zweisprachigen Familien aufwachsen, wissen oft schon im Alter von ca. zwei bis drei Jahren genau, zu welchem Familienmitglied welche Sprache gehört, und sind dazu in der Lage, sich danach zu richten:[44]

> ☺ Eine griechische Mutter in München:
> „Mit drei Jahren hat sie die Sprachen getrennt: ‚So sagt Mama, so sagt Papa!'“

> ☺ Eine griechische Mutter in München:
> „Mit drei Jahren hat sie die Sprachen gut auseinander gehalten. Sie ging mit einem kaputten Auto zu ihrem Vater: ‚Kannst du mir das reparieren?' Der Vater hatte keine Zeit, sie ging zu ihrem griechischen Onkel Niko und sagte dasselbe auf Griechisch.“

Mitunter beharren Kinder geradezu auf der konsequenten Einhaltung der Sprachverteilung, wie das folgende Beispiel[45] zeigt:

> ☺ Die Großmutter von Eleana (3;0) spricht mit ihr als Einzige ausschließlich griechisch. Ihre Patentante spricht normalerweise deutsch mit ihr, macht aber hier den Versuch, griechisch mit ihr zu sprechen – ohne Erfolg:

Anja:	„Τί κάνεις εκεί;“ (*Was machst Du da?*)
Eleana:	schweigt, macht ein wütendes Gesicht
Anja:	„Πές μου τί κάνεις.“ (*Sag mir, was Du machst.)*
Eleana wütend:	„Das ist doch nur für die Oma!“

Eleana ist sich sicher: Die griechische Sprache gehört zu ihrer Großmutter, und zwar *nur* zu dieser. Ihre Patentante dagegen ist der Kategorie *deutschsprachig* zugeordnet. An dieser Erfahrung hält Eleana fest und duldet keinerlei Abweichungen.

Dass zweisprachige Kinder sensibel für die Sprachen ihres Gesprächspartners sind, bedeutet also auch, dass sie *keinesfalls immer* in der Sprache antworten, in der sie angesprochen werden! Wenn sie wissen, dass eine Person mehrere Sprachen versteht, folgen sie u.U. ihren eigenen Vorlieben, unabhängig davon, welche Sprache ihr Gegenüber gerade verwendet. Mehr dazu in Kapitel 2.3.

Selten kommt es dagegen vor, dass ein Kind eine Sprache benutzt, von der es sicher weiß, dass sein Gesprächspartner sie nicht versteht (außer natürlich, es möchte von dieser Person ausdrücklich nicht verstanden werden).

> ☺ Eine griechische Mutter in München:
> „Er antwortet nicht immer in der Sprache, in der er angesprochen wird. Aber z.B. bei der Oma, wo hundertprozentig klar war, dass sie kein Deutsch kann, da hat er nie deutsch gesprochen.“

Das Hin- und Herschalten zwischen den Sprachen ist für zweisprachige Kinder auch außerhalb der Familie etwas ganz Selbstverständliches und

Natürliches. Das folgende Beispiel zeigt das Codeswitching im Gespräch mit einer griechisch- und einer deutschsprachigen Erzieherin:

> ☺ Stephan (4;5) zur griechischen Erzieherin:
> „Κοίτα τι ωραίο δέντρο που έκανα!"
> Dann zur deutschen Erzieherin:
> „Ich hab ein schönes Baum gemacht, guck!"

Stephan spricht zuerst mit der griechischen Erzieherin auf Griechisch, und wiederholt anschließend das Gesagte für die deutschsprachige Erzieherin auf Deutsch – eine effektive Methode, um auch wirklich von beiden verstanden zu werden. Nebenbei: die grammatikalische Form *ein schönes* Baum ist nicht auf die Zweisprachigkeit zurückzuführen! Stephan sieht fälschlicherweise den Baum als Neutrum an – *das* Baum – und formt das Adjektiv entsprechend z.B. *ein schönes* Bild, *ein schönes* Mädchen. Er wendet also eine grammatische Regel an – wenn auch unter falschen Voraussetzungen. Derartiges produzieren ein- und mehrsprachig aufwachsende Kinder gleichermaßen, es ist ein ganz normales Phänomen der Sprachentwicklung (siehe Kapitel 2.1).

Was ist nun zu tun, wenn der Gesprächspartner dem Kind nicht bekannt ist, es also nicht weiß, welche Sprache die richtige ist? Mitunter stellen Kinder Theorien über die Zuordnung von Sprachen auf, etwa nach dem Muster: Papa spricht Griechisch = alle Männer sprechen Griechisch.[46]

> ☺ Eine deutsche Mutter in Thessaloniki:
> „Er trennt die Sprachen konsequent nach Personen. In Deutschland hat er einmal ein Kind auf Griechisch angesprochen – das schien ihm die richtige Sprache zu sein, obwohl er in Deutschland war."

Das Kind in diesem Beispiel wächst in Griechenland auf, hat dort hauptsächlich Kontakt zu griechischen Kindern und folgt vermutlich nun auch in Deutschland der Regel: *Kinder sprechen Griechisch*.

Ist sich das Kind nicht sicher, welche Sprachen sein Gegenüber wie gut versteht und spricht, hilft letztendlich nur: Ausprobieren. Auch hier zeigt sich, dass die Erfahrungen, die zweisprachig aufwachsende Kinder von klein auf mit den unterschiedlichen Sprachkenntnissen ihrer Gesprächspartner machen, ihre Sensibilität dafür schult, herauszufinden, welche Sprache mit wem gesprochen werden kann oder muss. Untersuchungen zeigen, dass zweisprachig aufwachsende Kinder bereits im Alter von zwei Jahren ihre eigene Sprache den Sprachkenntnissen fremder Gesprächspartner anpassen können.[47] Im folgenden Beispiel spricht Markos zunächst in griechischer Sprache, schaltet aber sofort in die deutsche um, nachdem auf Deutsch nachgefragt wird.

☺ Markos (5;3): „Εγώ είμαι η αστυνομία!“
Anja: „Was?“
Markos: „Ich bin die Polizei!“

Auch im Gespräch mit zweisprachigen Personen kann ein Sprachwechsel sinnvoll sein – z.B., um auch ganz sicher verstanden zu werden.

☺ Während eines Kreisspieles soll Polixeni (4;0) Sofia (5;5) (beide zweisprachig) etwas in Ohr flüstern, sie wendet dabei aber ihren Kopf in eine andere Richtung.
Sofia: „Ins Ohr!“
Polixeni: flüstert in eine andere Richtung
Sofia: „Ins Ohr!“
Polixeni: flüstert in eine andere Richtung
Sofia (ruft laut): „Στο αυτί μου!!“ (In mein Ohr!!)

☺ Christopher (6;1) zu Stefan (4;8, beide zweisprachig):
„Όχι!! Nein!!“

Nachdem Sofia ihre Spielgefährtin zunächst erfolglos durch mehrmaliges Wiederholen der Anweisung auf Deutsch auf ihren Fehler hinweist, schaltet sie auf Griechisch um – vielleicht wird sie ja so endlich verstanden? Eine ähnliche Strategie verfolgt auch Christopher, der vorsichtshalber seinen Protest gleich in beiden Sprachen ausdrückt – übrigens genau so, wie einsprachige Kinder mitunter das Gesagte mehrmals wiederholen, wenn sie ihm mehr Nachdruck verleihen möchten.

Bleibt noch die Frage, welche Sprache angebracht ist, wenn sich das Kind an mehrere Personen gleichzeitig richtet. Ganz einfach: Beide!

> ☺ Die Kindergartenkinder warten auf den Kuchenverkauf der Schulkinder. Markos (5,3) hält Ausschau und ruft dann aufgeregt in den Gruppenraum: „Έρχεται! Kommt!"

Zur Erinnerung: Sprache besteht nicht nur aus Wörtern! Und so findet das Codeswitching nicht nur auf verbaler Ebene statt. Wechselt eine zweisprachige Person die Sprache, nimmt sie meist auch die Sprachmelodie, die Gestik und Mimik und sogar die kulturellen Kommunikationsregeln der anderen Sprache an! So bekommt man mitunter den Eindruck, als hätte man es mit einem völlig anderen Menschen zu tun.
Das Hin- und Herschalten zwischen den Sprachen wird also in erster Linie durch die Sprachkenntnisse der jeweiligen Gesprächspartner ausgelöst. Daneben gibt es aber noch andere mögliche Ursachen. Häufig wird von einer in die andere Sprache gewechselt, weil etwas in dieser Sprache *zutreffender, schöner* oder auch *einfacher* ausgedrückt werden kann. So ist für ein bestimmtes Thema oder in einer bestimmten Situation eine der Sprachen des Sprechers die *stärkere* (das Verhältnis starke – schwache Sprache ist ausführlich in Kapitel 1.3 besprochen). Es ist also denkbar, dass ein Kind sich auf Deutsch unterhält, dann von einem Erlebnis in Griechenland berichten möchte und dazu in die griechische Sprache wechselt – entweder, indem es seinen Bericht komplett in griechischer Sprache weiterführt, oder aber indem es einzelne griechische Wörter in die deutsche Sprache *einmischt*. Beides funktioniert natürlich nur im Gespräch mit Personen, die beide Sprachen verstehen, und hängt somit von den Sprachkenntnissen des Gegenübers ab.

„Machst Du mir die τσάντα auf?" Sprachmischungen

Das Einmischen einzelner Wörter der einen Sprache in die andere nennt man *Sprachmischungen*. Sie werden manchmal fälschlicherweise als Zeichen der Überforderung mit Zweisprachigkeit angesehen. Bei genauerer Betrachtung zeigt sich jedoch: Es gibt bisweilen gute Gründe, die Sprachen zu vermischen, z.B. dann, wenn bestimmte Wörter in der gerade gesprochenen Sprache *nicht existieren*:

☺ Stephan (4;5) spielt in der Küche und „backt“ dort griechische Süßigkeiten (γλυκά): „Wir haben gemacht γλυκά!“

☺ Malena (4;7, zweispr.): „Και σε μας θα ΄ρθεί το Osterhase!“ (*Auch zu uns kommt der Osterhase*!)
Aristoniki (4;1, einspr.): „Λέγεται λαγός!“ (*Das heißt Hase!*)

Stephan setzt in den deutschsprachigen Satz das griechische Wort γλυκά ein, das wörtlich übersetzt Süßes oder Süßigkeiten bedeutet. *Süßigkeiten* aber bezeichnen im Deutschen ganz andere Dinge, als das Wort *γλυκά* im Griechischen. Stephan hat somit zwei Möglichkeiten: Entweder, er verwendet ein deutsches Wort und drückt sich damit unzutreffend aus, oder aber er fügt das griechische Wort ein. Er entscheidet sich für die zweite Möglichkeit. Das Ziel, sich genau und zutreffend auszudrücken, verfolgt auch Malena, indem sie das deutsche Wort *Osterhase* in die griechische Sprache einmischt. Die Verbesserung durch Aristoniki zeigt das Dilemma auf: Es gibt in der griechischen Tradition keinen Osterhasen, und folglich auch kein Wort dafür! Würde Malena nun das griechische Wort für Hase einfügen, wäre der Sinn ein ganz anderer. Und eine wörtliche Übersetzung ins Griechische, etwa: „Österlicher Hase“ oder „Hase des Osterfestes“ erscheint ebenfalls unpassend.

Schließlich kann die *stärkere Präsenz* eines Wortes in der nicht gesprochenen Sprache zu Sprachmischungen führen, z.B., weil dieses zuerst erworben wurde oder weil es öfter verwendet wird, und deshalb vertrauter ist.

☺ Johanna: „Ποιός έχει οδοντόβυρτες?“
(*Wer hat Zahnbürsten?*)
Markos (5;3): „Εγώ έχω πολλές, έχω ... έχω
(*Ich habe viele, ich habe ... ich habe*) ...
lila, ich habe rot, ich habe ...“

Markos sprich zuerst auf Griechisch, dann fällt ihm die griechische Entsprechung zu *lila* nicht ein, sodass er das Wort schließlich auf Deutsch einfügt und daraufhin den ganzen Satz in deutscher Sprache vollendet. Sprachmischungen können also auch einen spontanen Sprachwechsel auslösen!

☺ Polixeni (4,0; zweisprachig) spricht mit Kostis (5;6, einsprachig):
Polixeni: „Θέλεις Saft;“ (*Möchtest Du Saft?*)
Kostis: „Τί;“ (*Was?*)
Polixeni: „Θέλεις Saft;“
Kostis: „Τί;“ (*Was?*)
Polixeni (ruft laut): „Θέλεις Saft! Saft! Πορτοκαλάδα!“
(*Möchtest Du Saft! Saft! (griechisch:) Limonade!*)

Polixeni verwendet das deutsche *Saft* in einem in griechischer Sprache geführten Gespräch. Offensichtlich ist ihr dieses Wort geläufiger als das entsprechende griechische, vielleicht, weil ihre deutsche Mutter es häufig gebraucht („Möchtest du noch Saft?“, „Hier, nimm deinen Saft mit in den Kindergarten.“). Eine weitere mögliche Ursache ist, dass *Saft* wesentlich einfacher zu sprechen ist als *portokaláda* (das richtige Wort wäre übrigens χυμός – chimós, aber das scheint Polixeni im Moment nicht einzufallen).

Bemerkenswert an diesem Beispiel ist, dass Polixeni das Wort *Saft* ganz offensichtlich *unbewusst* einmischt. Sie merkt zunächst gar nicht, dass Kostis dieses Wort nicht versteht. Nachdem er mehrmals nachgefragt hat, ruft sie zunächst laut – vielleicht war ja mangelnde Lautstärke die Ursache für Kostis’ Unverständnis? – und erst dann fügt sie ein griechisches Wort ein.

Polixeni befindet sich in einem Alter, in dem zweisprachig aufwachsenden Kindern ihre Zweisprachigkeit zunehmend bewusst wird (so, wie sich ja der Spracherwerb generell in dieser Zeit im Prozess der Bewusstwerdung befindet, siehe Kapitel 1.2). Ihr Wortschatz ist teilweise noch sprachübergreifend, er setzt sich aus Wörtern *beider* Sprachen zusammen:[48] Zum einen können Kinder in diesem Alter noch nicht jedes einzelne Wort seiner jeweiligen Sprache zuordnen. Zum zweiten sind noch nicht alle Wörter in beiden Sprachen erworben – das wäre mit vier Jahren ja auch zeitlich kaum möglich. Auch einsprachige Kinder haben in diesem Alter noch längst nicht den gesamten Wortschatz ihrer Muttersprache erworben! Anders als zweisprachige Kinder haben sie jedoch nicht die Möglichkeit, sich ein Wort aus der anderen Sprache zu borgen. Sie setzen stattdessen Füllwörter wie z.B. „Dingsda" ein, oder umschreiben das fehlende Wort. Auch die folgende Interpretation ist also denkbar: Nachdem sie nicht verstanden wird, ersetzt Polixeni *Saft* einfach durch *irgendein anderes* Wort, ohne dass ihr tatsächlich bewusst ist, dass dieses zur griechischen Sprache gehört. Für diese Erklärung spricht, dass das griechische *πορτοκαλάδα* keine direkte Übersetzung von *Saft* ist, sondern Orangenlimonade bedeutet.

Sprachmischungen, die auf einer noch nicht vollständig entwickelten Bewusstheit für Zweisprachigkeit beruhen, werden *naive*, also *kindliche* Sprachmischungen genannt. Sie stellen eine ganz normale Phase der zweisprachigen Entwicklung dar, die die Mehrheit zweisprachig aufwachsender Kinder durchläuft.[49] So gaben in der in diesem Buch schon mehrfach zitierten Untersuchung[50] 64% der befragten Mütter an, dass ihr Kind zeitweilig seine Sprachen gemischt hat. Typische Beispiele für naive Sprachmischungen sind:

☺ Panajotis (4;0): „Machst Du mir die τσάντα (*Tasche*) auf?"

☺ Sofia (5;5): „Θέλω να φτιάξω ένα Mädchen."
(*Ich möchte ein Mädchen machen / malen.*)

Die folgenden Zitate illustrieren deutlich, dass Kinder im Alter zwischen vier und fünf Jahren sich mitten in der Entwicklung zur bewussten Sprachentrennung befinden: Sie produzieren scheinbar unbewusst Sprachmischungen, sind aber – je nach aktuellem Umfang ihres Wortschatzes – ohne Mühe dazu in der Lage, das eingemischte Wort durch eines der momentan gesprochenen Sprache zu ersetzten, wenn sie einen entsprechenden Impuls von außen erhalten.

☺ Polixeni (4;0): „Und jetzt – ein λουλούδι!“
Anja: „Was ist das?“
Polixeni: „Eine Blume!“

☺ Sofia (5;5): „Ist das für das κοκοράκι?“
Anja: „Wie heißt das auf Deutsch?“
Sofia: „Hahn.“

Andererseits gibt es auch zahlreiche Beispiele dafür, wie Kinder sich von selbst *bewusst* bemühen, die Sprachen zu trennen:

☺ Stefan (4;8): „Die Fische sind im Wasser, nein, nicht im Wasser ... em ... στην θάλασσα (*im Meer*)!“

☺ Stephan (4;5): „Wir haben einen Kuchen gemacht. Wie heißt deutsch αλεύρι (*Mehl*)?“

Stefan aus dem ersten Beispiel fällt einfach das deutsche Wort *Meer* nicht ein – vielleicht, weil das Meer für ihn etwas originär griechisches ist, oder sich das griechische *thalassa* viel schöner anhört? Da ihm aber die Unterscheidung von Wasser und Meer hier wichtig ist, verwendet er schließlich das griechische Wort. Stephan im zweiten Beispiel sucht ganz bewusst nach dem deutschen Wort *Mehl*, und erfragt es schließlich direkt.

Die Beispiele zeigen es: Durch fortschreitende Bewusstwerdung der Zweisprachigkeit und durch die stetige Vergrößerung des Wortschatzes in beiden Sprachen erwerben Kinder zunehmend die Fähigkeit, ihre Sprachen bewusst voneinander zu trennen. Damit werden die naiven, also die unbewussten Sprachmischungen immer seltener.[51] Generell werden Sprachmischungen jedoch auch weiterhin zum Sprachgebrauch gehören. Wenn sich Jugendliche in türkischer Sprache über das „Arbeitsamt" oder in spanischer Sprache über einen „Frühschoppen" unterhalten, dann deshalb, weil diese Begriffe Dinge bezeichnen, die stark mit der deutschen (Sprach-)kultur assoziiert sind. Der Unterschied zu den Sprachmischungen kleiner Kinder ist, dass den Jugendlichen und Erwachsenen *bewusst* ist, dass sie die Sprachen mischen. Daher tun sie dies auch nur, wenn sie sich mit anderen Zweisprachigen unterhalten. Die Gespräche Zweisprachiger untereinander sind daher oft sehr lebendig und werden von den Beteiligten besonders genossen, denn hier können sie all ihre Sprachmittel unbegrenzt anwenden. Indes käme ein Erwachsener nicht auf die Idee, das deutsche Wort „Frühschoppen" im Gespräch mit einem spanischsprachigen Freund zu verwenden, eben weil ihm *bewusst* ist, dass es sich um ein deutsches Wort handelt! Er würde sich bemühen, das Gemeinte auf Spanisch zu umschreiben.

Übrigens mischen auch vermeintlich einsprachige Menschen täglich auf diese Weise die Sprachen: Sie bewahren ihr Geld im *Portemonnaie* auf, *chatten* im *Internet* und essen ein *Gyros* und nicht etwa – wörtlich übersetzt – ein *Rundherum.*

Welche Bedeutung hat das Sprachverhalten der Erwachsenen für die Überwindung der naiven Sprachmischungen? Ein Kind, welches täglich von Menschen umgeben ist, die ihre Sprachen in hohem Maße vermischen, wird es schwerer haben, aus diesen sprachlich gemischten Vorbildern die einzelnen Sprachen herauszufiltern, und sich seiner Zweisprachigkeit bewusst zu werden, als eines mit sprachlich klar getrennten Vorbildern. Tatsächlich lernen Kinder zwar auch in einem Umfeld, in dem die Sprachen in hohem Maße gemischt werden, ihre Sprachen zu trennen. Sprachlich getrennte Vorbilder sind dazu also nicht zwingend erforderlich, sie erleichtern den Prozess jedoch.

„Das schmeißen wir!“ Interferenzen

Der Begriff *Interferenz* kommt ursprünglich aus der Physik und bezeichnet dort die gegenseitige Überlagerung von Wellen. Im Bereich der Zweisprachigkeit versteht man unter Interferenz die Übertragung von grammatikalischen Regeln oder anderen Elementen der einen Sprache in die andere. Dies geschieht – auch bei Erwachsenen – in höherem Maße unbewusst als Codeswitching oder Sprachmischungen. Daher sind auch die folgenden Analysen von Interferenzen noch stärker durch Vermutungen geleitet. Aber auch hier gilt: Lassen Sie sich einfach ein wenig für den Umgang Ihres Kindes mit zwei Sprachen sensibilisieren!

Zunächst einmal können Interferenzen auf Wortebene auftreten. Im Zusammenhang mit Sprachmischungen wurde gezeigt, wie bereits kleine Kinder versuchen, ihre beiden Sprachen voneinander zu trennen. Da sie aber noch nicht für jedes Wort der einen Sprache die Entsprechung der anderen Sprache erworben haben, leiten sie sich Wörter bisweilen selbst her – dies ist also ein kreativer Prozess.

☺ Markos (5;3) über ein kaputtes Instrument:
„Das schmeißen wir.“

Ursache für diese Äußerung ist vermutlich der griechische Ausdruck *το πετάμε*, in dem keine Vorsilbe (*weg-*) enthalten ist, und der sowohl im Sinne von „den Ball werfen“ als auch „etwas wegwerfen“ benutzt wird.

☺ Markos (5;3): „Johanna, komm ein bisschen!“

Diese Formulierung entspricht einer wörtlichen Übersetzung des griechischen *Έλα λίγο*. *Λίγο* bedeutet *ein wenig, ein bisschen*, wie z.B. *ein wenig Milch* oder *ein bisschen müde*. Im Deutschen heißt es umgangssprachlich: „Komm mal kurz!“, und dieses *kurz* hat Markos hier durch die Übersetzung von *λίγο* ersetzt.

☺ Stephan (4;5) zeigt auf die Arme eines Hampelmanns:
„Das sind die Hände!“

Es kann sein, dass Stephan das Wort *Arm* noch nicht sicher erworben hat. Denkbar ist aber auch, dass er das griechische Wort *χέρι* ins Deutsche überträgt – und dieses bedeutet sowohl Arm, als auch Hand.

Interferenzen können auch auf grammatikalischer Ebene stattfinden, indem Regeln von einer Sprache in die andere übertragen werden. Ein Beispiel dafür ist die Verwendung des Fragepronomens *warum* als kausale Konjunktion *weil*:

☺ Sofia (5;5):	„Johanna, ich kann nicht singen, warum mein Hals tut weh!“

☺ Markos (5;3):	„Der macht die Zähne so.“
Anja:	„Warum?“
Markos:	„Warum ... warum der will.“

Im Griechischen bedeutet ein und dasselbe Wort – nämlich *γιατί* – sowohl *warum* als auch *weil*. Dies ist eine mögliche Ursache für die Verwechselung auch im Deutschen, mit Sicherheit feststellen lässt sich das aber nicht: Auch bei nichtgriechischsprachigen Kindern treten mitunter Schwierigkeiten im Erwerb des *Warum* und des *Weil* auf.

Auch die unterschiedlichen Regeln des Satzbaus können sich überlagern, z.B. in der Formulierung von Fragen. Diese werden natürlich auch innerhalb *einer* Sprache mit unterschiedlichem Satzbau gebildet, je nachdem, welcher Teil der Frage betont werden soll. Die folgenden Fragen waren einfache Informationsfragen, ohne besondere Betonung:

☺ Stephan (4;5): „Johanna, die Mama ist schon draußen?“

Diese Äußerung entspricht der Satzstellung im Griechischen. Im Deutschen würde man fragen: „Johanna, ist die Mama schon draußen?“

Es gibt allerdings zahlreiche Beispiele für Fragen, deren Satzbau *weder* dem griechischen, *noch* dem deutschen entspricht:

☺ Polixeni (4;0): „Das ist deins?"
anstatt deutsch: Ist das deins?
anstatt griechisch: Δικό σου είναι; (*Deins ist das?*)

☺ Christopher (6;1): „Der Stefan kann auch (spielen)?"
anstatt deutsch: Kann der Stefan auch?
anstatt griechisch: Μπορεί και ο Στέφανος; (*Kann auch der Stefan?*)

An dieser Stelle wird deutlich, dass viele Äußerungen zweisprachiger Kinder, die von der Norm der jeweiligen Sprache abweichen, auf eine Beeinflussung durch die Regeln der anderen Sprache zurückgeführt werden *können*. Ebenso ist es aber möglich, dass sie Ausdruck des ganz normalen Sprachentwicklungsprozesses sind, dass also z.B. gewisse Regeln ganz einfach noch nicht vollständig erworben wurden.

Wie in Kapitel 1.1 gezeigt, besteht gesprochene Sprache nicht nur aus Wörtern, sondern auch aus Aussprache, Melodie sowie Gestik und Mimik. Auch auf diesen Ebenen können Interferenzen auftreten!

Hinsichtlich der Aussprache lässt sich bei zweisprachigen Kindern beobachten, dass sie mitunter diejenigen Laute, die nur in einer der Sprachen existieren, in die andere übertragen.

☺ Polixeni (4;0): „Εδω πέρα!" (*Hier drüben*) spricht sie *Eso pera*.

☺ Polixeni (4;0): „Chäschen chüpf!"

In ersten Beispiel spricht Polixeni das griechische *δ*, das dem englischen stimmhaften *th*, wie in *father* entspricht, wie das deutsche *s* in *Reise* aus. Das griechische *r* rollt sie nicht, sondern spricht es mit deutscher Aussprache. Im zweiten Beispiel ersetzt Polixeni den im Griechischen nicht vorhandenen gehauchten *h*-Laut durch ein *ch* wie in *ich*.

Da die Aussprache bereits innerhalb der ersten Lebensjahre erworben wird (dazu ausführlich Kapitel 2.1), sind derartige Abweichungen zumindest für diejenigen Menschen ganz normal, die ihre zweite Sprache sukzessiv, also zeitlich versetzt zur ersten, erwerben. Aber auch Kinder, die von Geburt an mit zwei Sprachen aufwachsen, haben die Entwicklung der Aussprache mit vier Jahren noch nicht vollständig abgeschlossen. Das gilt übrigens auch für einsprachig aufwachsende Kinder – es ist z.B. nicht ungewöhnlich, wenn ein fünfjähriges Kind das deutsche *s* noch nicht korrekt produziert.[52] Interferenzen auf Ebene der Aussprache stellen bei zweisprachig aufwachsenden Kindern also meist eine vorübergehende Phase dar.

Ebenfalls häufig zu beobachten ist die Übertragung der Sprachmelodie von einer Sprache in die andere, etwa wenn eine Frage mit deutschen Wörtern, aber griechischer Fragemelodie gestellt wird. Eine mögliche Ursache dafür ist, dass die Melodie einer Sprache häufiger gehört wird und damit auch in den eigenen Sprachgebrauch stärker einfließt. Dies betrifft zunächst Kinder, die sich ihrer Zweisprachigkeit noch nicht in vollem Maße bewusst sind, und daher auch die Melodien noch nicht vollends voneinander trennen. Es gibt aber noch eine andere Möglichkeit, die sich genauer zu betrachten lohnt: Mitunter nehmen auch Erwachsene, nachdem sie sich einige Zeit im Ausland aufgehalten haben, die Melodie der dortigen Sprache an – und zwar auch dann, wenn sie ihre Muttersprache sprechen! So sprechen bisweilen deutsche Muttersprachler nach einem längeren Aufenthalt in Amerika mit amerikanischer Sprachmelodie deutsch. Ebenso hatten einige der interviewten deutschen Frauen die griechische Melodie angenommen. Möglich ist also, dass Kinder diese Interferenzen durch das Vorbild ihrer Mütter übernehmen. Hier schließen sich weitere Fragen an: Gibt es vielleicht Sprachmelodien, die, weil sie lebendiger, temperamentvoller o.ä. sind, sich anderen Melodien gegenüber durchsetzen? Nehmen griechischsprachige Menschen in Deutschland vielleicht in geringerem Maße die deutsche Melodie an, weil diese monotoner ist, als es umgekehrt deutsche Menschen in Griechenland tun würden? Dies sind interessante Überlegungen, die jedoch bisher nicht untersucht wurden, und daher an dieser Stelle rein spekulativ bleiben müssen.

Interferenzen können schließlich auf verbal-nonverbaler Ebene stattfinden. Dann wird die eine Sprache gesprochen und gleichzeitig die Gestik und Mimik der anderen Sprache eingesetzt. Im Kapitel 1.1 ist dargestellt, wie im Griechischen die Verneinung durch Gestik und Mimik ausgedrückt wird, nämlich durch die drei Komponenten Augenbrauen hochziehen, Kopf nach hinten bewegen und mit der Zunge schnalzen. Diese Elemente verwenden die Kinder in den folgenden Beispielen, während sie deutsch sprechen:

☺ Johanna:	„Wir essen jetzt noch was!"
Markos (5;3):	„Ich chabe kein Essen!"
Anja:	„Hast du kein Essen?"
Markos:	zieht die Augenbrauen hoch, wirft den Kopf nach hinten, schnalzt mit der Zunge.

☺ Anja:	„Ist das deine Puppe?"
Malena (4;7):	schüttelt auf deutsche Weise den Kopf, schnalzt gleichzeitig mit der Zunge.

☺ Polixeni (4;0)	„Der Petros hat mich so gemacht!"
Johanna:	„Ist das schlimm?"
Polixeni:	deutsches Kopfschütteln, dann: „Aber er hat noch mal so gemacht."
Johanna:	„Ist doch nicht schlimm, oder?"
Polixeni:	wirft den Kopf nach hinten.

Im ersten Beispiel spricht Markos deutsch (wobei auch er den deutschen *h*-Laut durch ein *ch* ersetzt), und verwendet dann die griechische Gestik und Mimik, um Verneinung auszudrücken. Malena im zweiten Zitat setzt für ihre Verneinung einen Mix aus deutscher und griechischer Gestik ein. Polixeni schließlich gebraucht während eines Gesprächs auf Deutsch zuerst die deutsche und dann die griechische Verneinungsform – ein deutliches Beispiel dafür, dass sie diese Gesten wahllos einsetzt. Es scheint das Bewusstsein zu fehlen, dass eine Ausdrucksform zur deutschen und die andere zur griechischen Sprache gehört. Das erinnert an naive, unbewusste Sprachmischungen, nur dass hier Gesten und nicht Wörter eingemischt werden. Und ähnlich wie für die Sprachmischungen finden sich auch für den Einsatz von Gestik und Mimik Beispiele, in denen Kinder auf einen entsprechenden Impuls von außen hin dazu in der Lage sind, diese richtig zuzuordnen.

☺ Anja:	„Sag mal auf Griechisch *Nein*.“
Loukas (4;7):	„Nein“, griechische Kopfbewegung
Anja:	„Das war deutsch. Wie machst Du mit dem Kopf auf Deutsch?“
Loukas:	„Nein“, deutsche Kopfbewegung
Anja:	„Auf Griechisch?“
Loukas:	„Όχι“ (*Nein*), er überlegt, dann: „Όχι“, griechische Kopfbewegung

Auch für Interferenzen auf verbal-nonverbaler Ebene ist also davon auszugehen, dass diese mit zunehmender Bewusstwerdung der Zweisprachigkeit abnehmen werden – zumindest, was den Einsatz von Gesten betrifft, die eine ganz konkrete Bedeutung wie z.B. *ja* oder *nein* haben. Die Gestaltung der nonverbalen Kommunikation generell – werden viele oder wenige / starke oder schwache Gesten eingesetzt?, welchen Stellenwert haben diese gegenüber dem gesprochenen Wort? – geschieht auch bei Erwachsenen weitgehend unbewusst und hängt überdies auch mit der Persönlichkeit des Einzelnen zusammen.

Die Beispiele zu Codeswitching, Sprachmischung und Interferenz zeigen, dass Äußerungen zweisprachiger Kinder, die schlichtweg als falsch erscheinen – und es ja, gemessen an der Sprachnorm, auch sind – tatsächlich anzusehen sind als das Ergebnis ...

- ganz normaler Sprachentwicklungsprozesse, die zweisprachige Kinder ebenso wie einsprachige durchlaufen;
- eines entstehenden Bewusstseins für die eigene Zweisprachigkeit;
- des Sprachkontaktes innerhalb der zweisprachigen Person;
- eines lebendigen und kreativen Umgangs mit zwei Sprachen;
- des „Aus-dem-Vollen-Schöpfens“ eines Kindes, das mit mehr als einer Sprache vertraut ist.

Memo: Der Sprachgebrauch zweisprachiger Kinder

Im Umgang Zweisprachiger mit ihren Sprachen können drei Arten von Sprachmustern unterschieden werden:

- *Codeswitching* bezeichnet das Hin- und Herschalten zwischen den Sprachen. Es wird meist durch die Sprache der jeweiligen Gesprächspartner ausgelöst. Die Fähigkeit, zu erkennen, wer welche Sprache(n) versteht, und sein eigenes Sprachverhalten danach auszurichten, ist eine ganz zentrale Fähigkeit für ein Leben in und mit zwei Sprachen. Zweisprachig aufwachsende Kinder entwickeln diese schon ab ca. zwei Jahren.

- Das Einfügen einzelner Wörter der einen Sprache in die andere wird *Sprachmischung* genannt. Dafür gibt es unterschiedliche Ursachen: Ein Wort *existiert* in einer der Sprachen nicht; etwas lässt sich in der einen Sprache *besser, schöner, zutreffender* ausdrücken; das Wort der einen Sprache ist *präsenter, geläufiger, einfacher*. Während Erwachsenen bewusst ist, dass sie ihre Sprachen mischen, können Kinder noch nicht jedes einzelne Wort seiner zugehörigen Sprache zuordnen. Unbewusste Mischungen von Kindern werden daher auch *naive Sprachmischung* genannt. Sie stellen eine Phase der Entwicklung dar, die mit der Zeit überwunden wird.

- Unter *Interferenz* versteht man die gegenseitige Überlagerung von Regeln der beiden Sprachen. Sie können u.a. auf Wort- oder Grammatikebene auftreten, sowie im Bereich der Aussprache, Sprachmelodie, Gestik und Mimik.

- Die Gespräche Zweisprachiger untereinander sind oft sehr lebendig und für die Personen selbst ein Genuss, denn anders als im Gespräch mit Einsprachigen können sie hier ohne Einschränkung zwischen den Sprachen hin- und herschalten und so ihr gesamtes sprachliches Repertoire ausschöpfen.

- ▷ Die dargestellten Sprachmuster werden sowohl von zweisprachigen Kindern als auch von Erwachsenen produziert. Sie sind charakteristisch für einen kreativen, lebendigen und natürlichen Umgang Zweisprachiger mit Sprachen. Bei Kindern sind sie zudem Ausdruck ihres zweisprachigen Entwicklungsprozesses, in dessen Verlauf sie sich – ebenso wie einsprachige Kinder – die unterschiedlichen Elemente ihrer Sprachen immer differenzierter und zunehmend bewusst aneignen.

Tipps zum Umgang mit Sprachmischungen und Co.

Die Analyse der Sprachmuster zweisprachiger Kinder ist eine gute Grundlage dafür, ihren Umgang mit zwei Sprachen besser verstehen, angemessen einschätzen, und kindgerecht darauf reagieren zu können.

Tipps zum Umgang mit Sprachmischungen und Co.

- ▷ Hören und schauen Sie einmal genau hin: Wann schaltet Ihr Kind zwischen den Sprachen hin und her? Warum vermischt es die Sprachen? Entdecken Sie die Lebendigkeit und Kreativität, die in den Äußerungen Ihres Kindes stecken!

- ▷ Wann geht Ihr Kind sehr bewusst mit seinen Sprachen um, wann scheint es, als merke es gar nicht, dass es die Sprachen vermischt? Nehmen Sie dies als ganz normale Phase der (ein- und zweisprachigen!) Sprachentwicklung wahr, in deren Verlauf sich ein Bewusstsein für Sprache(n) erst entfaltet.

- ▷ Den Spracherwerbsprozess können Sie nicht beschleunigen. Lassen Sie Ihrem Kind Zeit, diejenigen Umgangsformen mit seiner Zweisprachigkeit und dem entstehenden Sprachkontakt zu entfalten und zu pflegen, die seiner jeweiligen Sprachentwicklungsphase entsprechen.

- ▷ Versuchen Sie nicht, die Sprachentwicklung Ihres Kindes an irgendwelchen (zudem meist einsprachigen) Normen zu messen. Der Umgang mit zwei Sprachen hängt von vielen Faktoren ab und ist daher individuell ganz unterschiedlich.

- ▷ Korrigieren Sie die Äußerungen Ihres Kindes nicht, das ist meist wirkungslos und darüber hinaus äußerst demotivierend. Durch häufiges Korrigieren kann Ihr Kind leicht den Spaß am lebendigen Umgang mit seinen beiden Sprachen verlieren. Wenn Sie den Eindruck haben, dass sich bestimmte Sprachmuster bei Ihrem Kind extrem verfestigen, korrigieren Sie es *indirekt* (so, wie in Kapitel 2.1 ausführlich beschrieben).

- ▷ Überprüfen Sie einmal Ihr eigenes Sprachverhalten: Mischen Sie selbst Ihre Sprachen oft, auch wenn es eigentlich nicht nötig wäre? Das ist *Ihr* lebendiger Umgang mit zwei Sprachen und natürlich Ihr gutes Recht. Bedenken Sie aber, dass Sie ein sprachliches Vorbild für Ihr Kind sind. Es wird ihm leichter fallen, die Phase unbewusst-naiver Sprachmischungen zu überwinden, wenn es klar getrennte sprachliche Vorbilder hat (zwingend notwendig sind diese aber nicht).

- ▷ Das Vermischen der Sprachen kann – für Sie und für Ihr Kind – schnell zu einer festen Gewohnheit werden. Im Kontakt mit einsprachigen Menschen fällt es dann schwer, sich auf nur eine Sprache zu beschränken. Es ist also generell gut, eine bewusste Sprachtrennung zumindest zeitweise zu üben. So bleibt der Wortschatz auch in beiden Sprachen reichhaltiger.

2.3 Verweigerung einer Sprache

Kennen Sie das? Sie sprechen mit Ihrem Kind in der einen Sprache und es antwortet beharrlich in der anderen! Ein solches Verhalten kann für Eltern in hohem Maße verunsichernd und frustrierend sein. In diesem Abschnitt werden mögliche Ursachen besprochen. Eine Grundlage dafür bildet die hier bereits vielfach zitierte Untersuchung, in der hundert Mütter aus zweisprachigen Familien interviewt wurden.[53] Aus dieser stammen – falls nicht anders angegeben – die Zitate und Prozentzahlen dieses Kapitels.

Generell scheint für zweisprachig aufwachsende Kinder der Gebrauch der Sprache des Landes, in dem sie leben, selbstverständlich zu sein. Diese sogenannte *Umgebungssprache* ist allgegenwärtig – in der Öffentlichkeit, in Kindergarten und Schule, in den Medien. Zwar wird auch sie von manchen Kindern manchmal abgelehnt, dies geschieht jedoch eher punktuell, in vereinzelten, speziellen Situationen. Wenn z.B. eine polnische Mutter in Deutschland bisher mit ihrem Kind immer polnisch gesprochen hat, und nun plötzlich ins Deutsche wechselt, ist es wahrscheinlich, dass sich das Kind weigert, mit der Mutter deutsch zu sprechen, weil es an der gewohnten Sprachverteilung festhalten möchte (siehe Kapitel 2.2). Ältere Kinder und Jugendliche mit Migrationshintergrund grenzen sich zuweilen ganz bewusst von allem ab, was „deutsch" ist, also auch von der deutschen Sprache.

Die Verweigerung der *Nichtumgebungssprache* tritt dagegen innerhalb der zweisprachigen Entwicklung von Kindern *systematisch* auf und ist weit verbreitet. In zahlreichen Studien zu zweisprachiger Entwicklung wird darüber berichtet.[54] In der hier zitierten Untersuchung gaben 76% der Mütter an, dass ihr Kind ihnen gegenüber zeitweise die Nichtumgebungssprache verweigerte: Eine griechische Mutter in Deutschland spricht mit ihrem Kind griechisch, das Kind jedoch antwortet auf Deutsch. Mitunter bringen Kinder auch ganz direkt ihre Ablehnung gegenüber einer Sprache zum Ausdruck.

Wenn im Folgenden von *Verweigerung* die Rede ist, so ist also immer die *Verweigerung der Nichtumgebungssprache* gemeint – das heißt, derjenigen Sprache, die nicht Sprache des Landes ist, in dem das Kind lebt.

„Er antwortet oft auf Deutsch." Indirekte Verweigerung

Zunächst einmal zwei Beispiele, die verdeutlichen sollen, was *nicht* unter Verweigerung zu verstehen ist. Einige Mütter berichteten, dass ihr Kind *in den ersten Lebensjahren ausschließlich* in der Umgebungssprache sprach:

> ☺ Eine deutsche Mutter in Thessaloniki:
> „Bis er drei wurde, hat er kein Deutsch gesprochen."

> ☺ Eine griechische Mutter in München:
> „Bis ins Alter von drei Jahren sprach sie nur griechisch, hat aber alles auf Deutsch verstanden."

Diese Kinder sprachen *von Anfang an* nur in der Umgebungssprache, erst etwa ab ihrem dritten Geburtstag kam die Nichtumgebungssprache hinzu. Aber ist dies als Verweigerung zu bezeichnen? Mit Sicherheit nicht, denn es ist ungewiss, ob die Kinder überhaupt in der jeweiligen Nichtumgebungssprache hätten antworten *können*. Selbst wenn ein Kind eine Sprache *versteht*, heißt das ja nicht automatisch, dass es sie ebenso gut sprechen kann (ausführlich dazu Kapitel 1.1). Die Umgebungssprache hat sich zunächst einmal als starke Sprache dieser dreijährigen Kinder etabliert, sie wurde früher und schneller erworben, als die andere Sprache. Und das ist nichts ungewöhnliches, denn häufig entwickeln sich die beiden Sprachen zweisprachig aufwachsender Kinder in recht unterschiedlichem Tempo.[55] Möglicherweise war diesen Kindern auch zuerst gar nicht *bewusst*, dass sie in der „falschen" Sprache antworteten, da der alleinige Gebrauch der einen Sprache ja zur frühen Gewohnheit wurde. Insofern ist das geschilderte Verhalten nicht als Verweigerung einzustufen. Denn diese würde ja eine *bewusste*

Ablehnung von etwas, *das eigentlich machbar wäre,* beinhalten. Vielmehr handelt es sich um eine frühe Gewohnheit und vorübergehende Phase innerhalb der kindlichen Sprachentwicklung.

Wenden wir uns nun dem Verhalten zu, das unter *indirekter Verweigerung* zu verstehen ist.

> ☺ Eine griechische Mutter in München:
> „Er antwortet oft auf Deutsch, wenn ich griechisch mit ihm spreche."

> ☺ Eine deutsche Mutter in Thessaloniki:
> „Sie spricht mit mir meistens griechisch."

Hier handelt es sich um zweisprachig aufwachsende Kinder, die ihre beiden Sprachen aktiv beherrschten – sie hätten also durchaus in der jeweiligen Sprache der Mutter sprechen *können*. Indem sie jedoch in der Umgebungssprache sprechen, lehnen sie ihren Müttern gegenüber *indirekt* die Nichtumgebungssprache ab. Dass sie dies (ab einem gewissen Alter) *bewusst* tun, wird in Beispielen weiter unten deutlich, in denen Kinder klare Gründe für ihre Sprachverweigerung anführen. Das indirekte Verweigerungsverhalten tritt nicht etwa vereinzelt auf, sondern – wie in den Zitaten formuliert – *oft* bzw. *meistens*, es wird also zu einer festen Gewohnheit.

„Ich will deine doofe Sprache nicht!" Direkte Verweigerung

Nicht selten formulieren schon kleine Kinder auch ganz *direkt* und *explizit* die Ablehnung einer Sprache:

> ☺ Eine griechische Mutter in Berlin:
> „Als sie vier war, hat sie gesagt: ‚Ich will nur noch deutsch sprechen!'"

☺ Eine deutsche Mutter in Athen:
„Manchmal sagt mein Sohn: ‚Ich will deine doofe Sprache nicht lernen!'"

Diese direkte Verweigerung kann zunächst einmal als positives Zeichen fortschreitender Entwicklung gesehen werden: Das Kind unterscheidet seine beiden Sprachen! Es trennt sie! Es ist sich seiner Zweisprachigkeit voll bewusst! Dennoch brechen die wenigsten Eltern in Begeisterung aus, wenn ihr Kind plötzlich eine der Sprachen verweigert. Im Gegenteil fühlen sich viele tief getroffen und verunsichert, wenn das Kind ihre eigene Muttersprache – und damit einen ganz wesentlichen Bestandteil ihrer Persönlichkeit – direkt oder indirekt ablehnt.

Das Kind indes sieht die Frage der Sprachwahl meist unter einem ökonomischen Blickwinkel: Welchen *Sinn* macht es, dass jemand mit mir diese Sprache spricht, und ich mit ihm? Welche *Bedeutung* / welchen *Stellenwert* hat die Sprache für mich? *Lohnt* es sich überhaupt, diese Sprache zu sprechen?

Mögliche Ursachen der Sprachverweigerung

Die Bedeutung, die Kinder einer Sprache zuschreiben, wird zunächst einmal durch die *Verbreitung der Sprache* beeinflusst. Natürlich nicht bezogen auf die ganze Welt – dies interessiert eher Erwachsene, wenn sie sich für den Erwerb einer Fremdsprache entscheiden –, sondern durch ihre Verbreitung *in der Welt des Kindes*.

> ☺ Eine deutsche Mutter in Thessaloniki:
> „Es kommt darauf an, wie stark die Kinder der Sprache ausgesetzt sind. Ich war die einzige, die mit ihnen deutsch sprach. Meine Tochter fragte immer: ‚Warum müssen wir deutsch sprechen?'"

> ☺ Eine deutsche Mutter in Thessaloniki:
> „Wir haben eine Hotelanlage, in der im Sommer viele Deutsche wohnen, so haben die Kinder viele Kontakte zu Deutschen. Am Anfang sind wir auch viel gependelt, waren pro Jahr einige Monate am Stück in Deutschland. Insgesamt hat sie also viele Anwendungsmöglichkeiten der deutschen Sprache."

Es ist nachvollziehbar, dass die Existenzberechtigung einer Sprache aus Sicht des Kindes gesteigert wird, wenn es erkennt, dass nicht nur *eine* Person sie spricht. Je mehr nichtumgebungssprachige Personen sich im Umfeld des Kindes befinden, desto zahlreicher sind die Möglichkeiten für das Kind, diese Sprache zu hören und zu sprechen. Damit steigt auch die wahrgenommene Bedeutung der Sprache. Unter solchen Umständen ist die Wahrscheinlichkeit, dass das Kind den Gebrauch der Nichtumgebungssprache verweigern wird, geringer: 60% der Kinder mit vergleichsweise *vielen* sozialen Kontakten in der Nichtumgebungssprache verweigerten diese phasenweise, jedoch 92% der Kinder mit vergleichsweise *wenigen* Kontakten.

Manchmal kann auch schon ein einmaliges Erlebnis den wahrgenommen Wert einer Sprache beträchtlich steigern, etwa, wenn ein griechisch-deutsch aufwachsendes Kind das erste Mal nach Griechenland reist und feststellt, dass es ein ganzes Land voller Menschen gibt, die

Griechisch sprechen! Also scheint *Griechisch sprechen* doch nicht bloß eine merkwürdige Angewohnheit der eigenen Mutter zu sein ... So geschehen auch im folgenden Beispiel:

> ☺ Eine deutsche Mutter in Athen:
> „Meine Tochter hatte außer zu mir so gut wie keinen Kontakt zu anderen Deutschen. Meine Eltern lebten nicht mehr. Sie sprach mit mir immer griechisch, nie deutsch. Mit 4,5 Jahren war sie auf einer Geburtstagsparty, wo alle Kinder deutsch sprachen. Das war das erste Mal, dass sie deutsch sprach! Sie sah zum ersten Mal, dass es nützlich sein kann, Deutsch zu können. Danach sprach sie auch mit mir deutsch."

Neben der *Anzahl* der Kontakte spielen natürlich auch die *Bedeutung*, die die einzelnen Menschen für das Kind haben, und auch die (z.B. zeitliche) *Intensität* der Beziehung eine Rolle.

> ☺ Eine griechische Mutter in München:
> „Jedes Jahr von Oktober bis März kommt die griechische Oma zu Besuch. Sie spricht kein Wort Deutsch. Das war die beste Übung und größte Motivation für meinen Sohn, Griechisch zu lernen."

Die sprachlichen Kontakte einer zweisprachigen Familie können auch indirekt einen Einfluss auf das Sprachverhalten des Kindes nehmen. Wenn etwa eine griechisch-deutsche Familie in Griechenland hauptsächlich Begegnungen mit Griechen hat, so bedeutet das auch, dass das Kind oft miterlebt, wie seine deutsche Mutter mit anderen Personen *griechisch* spricht! Griechisch ist zugleich die Sprache der Umgebung, fast alle sprechen Griechisch, auch die Mutter spricht es, nur mit ihrem Kind spricht sie deutsch. *Warum?* wird sich das Kind fragen – eigentlich zu Recht, oder? Ganz direkt formuliert es die Tochter im folgenden Beispiel:

> ☺ Eine deutsche Mutter in Thessaloniki:
> „Sie sprach mit mir griechisch, ich sagte: ‚Sag es doch auf Deutsch!' Sie sagte: ‚Αφού με καταλαβαίνεις, γιατί να το

ξαναλέω;' (*Du verstehst mich doch, warum soll ich es noch einmal sagen?*). Sie hatte mich durchschaut."

Der ökonomische Umgang der Tochter mit ihren zwei Sprachen kommt klar zum Ausdruck: Warum soll sie das Gesagte noch einmal in der anderen Sprache wiederholen, wenn die Mutter sie doch verstanden hat?

Es ist selbstverständlich und wird auch in diesen Zitaten deutlich, dass die Bedeutung einer Sprache für das Kind im Wesentlichen von demjenigen Elternteil abhängt, der diese Sprache spricht. Zentral ist hier die Frage: Wie *konsequent* praktiziert dieser die zweisprachige Erziehung? Verwendet z.B. eine griechische Mutter in Deutschland konsequent im Gespräch mit ihrem Kind die griechische Sprache, wird diese einen hohen Stellenwert im Leben des Kindes bekommen: Es ist die (einzige!) Sprache, in der es von Geburt an mit seiner Mutter kommuniziert, in der es eine Bindung zur Mutter aufbaut, erste Begriffe lernt. Macht die Mutter jedoch häufig Ausnahmen und spricht mit ihrem Kind in der Umgebungssprache Deutsch, sinkt die Wichtigkeit der griechischen Sprache in der Wahrnehmung des Kindes.

> ☺ Eine griechische Mutter in München:
> „Ich war selbst nicht konsequent. Als er ein Baby war, habe ich konsequent mit meinem Sohn griechisch gesprochen. Aber dann habe ich auch deutsch mit ihm gesprochen, damit auch der Papa was versteht. Nun sagt er zu mir: ‚Du sprichst doch Deutsch, warum soll ich dann griechisch sprechen?'"

86% der Kinder, deren Mütter *inkonsequent* mit ihnen die Nichtumgebungssprache sprachen, verweigerten diese phasenweise, dies taten dagegen nur 50% der Kinder von konsequenten Müttern. Umgekehrt können die kindlichen Verweigerungen auch zu elterlicher Inkonsequenz führen – mehr dazu in Kapitel 3.2.

Auch die Sprachkenntnisse des *umgebungssprachigen* Elternteils spielen eine große Rolle: Wie gut versteht ein deutscher Vater in Deutschland die griechische Sprache? Denn wenn er sie *nicht* versteht, muss die

griechische Mutter alles zweimal sagen, einmal auf Griechisch zu ihrem Kind und einmal auf Deutsch zu ihrem Mann – einen besseren Beweis dafür, dass die griechische Sprache hier – aus Sicht des Kindes – eigentlich überflüssig ist, gibt es wohl kaum! Durch die Sprachkenntnisse der Eltern wird auch die Sprache bestimmt, die sie *untereinander* sprechen. Ist diese *Partnersprache* die Nichtumgebungssprache, so bekommt sie dadurch für das Kind einen höheren Stellenwert: Erstens ist sie im nächsten Umfeld des Kindes *präsenter* und wird *öfter* gesprochen. Zweitens – wenn der griechische Vater in Griechenland sich bemüht, deutsch zu sprechen, so muss diese Sprache schon etwas Besonderes und Wertvolles sein! Die Zahlen sprechen eindeutig für diese Zusammenhänge: 87% derjenigen Kinder, deren Eltern die Umgebungssprache als Partnersprache hatten, durchliefen Phasen, in denen sie den Gebrauch der Nichtumgebungssprache ablehnten, dagegen nur 33% derjenigen, deren Eltern miteinander in der Nichtumgebungssprache sprachen.

Kommen wir noch einmal auf die Verbreitung der Sprachen in der Welt des Kindes zurück. Diese Welt vergrößert sich mit Eintritt in den Kindergarten schlagartig. Einen nachhaltigen Einfluss auf kindliche Sprachverweigerungen hat die sprachliche Ausrichtung der Einrichtung: Ist es ein *einsprachiger* Kindergarten, in dem nur die Umgebungssprache präsent ist, oder ein *zweisprachiger*, in dem auch die Nichtumgebungssprache des Kindes gesprochen und gefördert wird?[56]

Tritt z.B. ein griechisch-deutsches Kind in einen einsprachigen Kindergarten ein, in dem alle Kinder und Erwachsenen ausschließlich deutsch sprechen, steigt dadurch die Präsenz der deutschen Sprache innerhalb der Lebenswelt des Kindes erheblich an, während zugleich die Möglichkeiten, die griechische Sprache zu hören und zu sprechen, eingeschränkt werden. Das Kind bekommt so den Eindruck, die griechische Sprache sei eine recht *unwichtige* – denn sonst würde sie doch auch im Kindergarten gebraucht, oder? Und da der intensive Kontakt mit vielen (fremden!) Kindern meist das Bestreben mit sich bringt, keinesfalls „anders" sein zu wollen als die anderen, erstaunt es nicht, dass mit dem Besuch eines einsprachigen Kindergartens oftmals direkte Verweigerungen gegenüber der Nichtumgebungssprache einhergehen.

> ☺ Eine deutsche Mutter in Athen:
> „Als meine Tochter in den Kindergarten kam, wollte sie nicht, dass ich vor den anderen mit ihr deutsch spreche. Ich sollte nicht anders sein, als die anderen Eltern."

> ☺ Eine griechische Mutter in Berlin:
> „Einmal habe ich mitbekommen, wie andere Kinder die griechische Sprache nachgeäfft haben. Es war ihm peinlich, und er sagte: ‚Siehst du, sprich nicht griechisch mit mir!'"

Die Wahrscheinlichkeit ist groß, dass ein Kind infolge derartiger Erfahrungen und Empfindungen den Gebrauch der Nichtumgebungssprache verweigert: In der hier zitierten Untersuchung waren es 84% aller Kinder, die einen einsprachigen Kindergarten besuchten. Viele Eltern berichten sogar, dass der Besuch des einsprachigen Kindergartens der *Auslöser* für die Verweigerung war.

> ☺ Eine deutsche Mutter in Thessaloniki:
> „Bei Eintritt in den Kindergarten fing es an, dass er mir auf Griechisch antwortete. Da hatte er auch nur noch ein griechisches Umfeld. Vorher hatte er nur deutsch gesprochen."

> ☺ Eine griechische Mutter in München:
> „Mit Eintritt in den Kindergarten fing das an, dass er auf Deutsch antwortete und fast nur noch deutsch sprach."

Diese Beispiele zeigen, dass der Eintritt in den einsprachigen Kindergarten einen tiefen Einschnitt in die zweisprachige Entwicklung des Kindes bedeuten kann. Innerhalb dieser sensiblen Phase hat das Verhalten der *Erzieher/innen*, die in diesen Kindergärten arbeiten, eine große Bedeutung: Wie gehen sie mit den unterschiedlichen Sprachen um? Beziehen sie diese Sprachen dort, wo es möglich ist, in den Alltag mit ein? Vermitteln sie Wertschätzung für Sprachen und Mehrsprachigkeit? Oder fordern sie die Kinder auf, in der Einrichtung nur deutsch zu sprechen, und vergrößern damit das Unbehagen des Kindes hinsichtlich seiner anderen Sprache?

In zweisprachig ausgerichteten Kindergärten werden dagegen *beide* Sprachen gesprochen und gefördert. Hier erleben Kinder (und Eltern) Zweisprachigkeit als etwas Natürliches und Selbstverständliches. Entsprechend ist der Anteil derjenigen Kinder, die die Nichtumgebungssprache phasenweise verweigern, niedriger. Er betrug 58% im zweisprachigen Kindergarten und 60% im nichtumgebungssprachigen (z.B. in einen griechischen Kindergarten in Deutschland).

Letztlich kann auch das Sprachprestige einen Einfluss auf das Auftreten von Verweigerungen haben. In Kapitel 1.4 ist das unterschiedlich hohe Ansehen der griechischen Sprache in Deutschland und der deutschen Sprache in Griechenland analysiert. Griechisch-deutsch aufwachsende Kinder werden im Allgemeinen in Griechenland für ihre Deutschkenntnisse eher Anerkennung erfahren, als in Deutschland:

> ☺ Eine deutsche Mutter in Thessaloniki:
> „Viele loben meine Tochter dafür, dass sie zwei Sprachen kann."

> ☺ Eine deutsche Mutter in Athen:
> „Viele Nachbarn sagten: ‚Toll, dass die Kinder zwei Sprachen sprechen!'"

Es ist naheliegend, dass Kinder, die häufig für ihre Zweisprachigkeit gelobt werden, diese auch selbst als etwas Positives empfinden. Der Zusammenhang zwischen Sprachprestige und Verweigerung spiegelt sich auch in den Zahlen (allerdings in geringerem Maße als die oben diskutierten Effekte): In Griechenland verweigerten 68% der Kinder phasenweise den Gebrauch der deutschen Sprache, in Deutschland dagegen 87% denjenigen der griechischen Sprache.[57]

Die sprachliche Zusammensetzung des sozialen Umfeldes, die Konsequenz der Spracherziehung, die Partnersprache der Eltern, der Kindergarten und das Sprachprestige – all dies hat also einen Einfluss darauf, ob ein Kind den Gebrauch der Nichtumgebungssprache verweigert oder nicht. Insbesondere ist es die *Kombination* dieser Faktoren, die einen starken Einfluss hat:

Stellen Sie sich vor: Ein zweisprachig aufwachsendes Kind in Griechenland, Mutter Deutsche, Vater Grieche. Die Mutter spricht recht inkonsequent mit dem Kind deutsch. Untereinander sprechen die Eltern griechisch. Das Kind hat wenig Kontakt zu anderen Deutschen und besucht einen griechischen Kindergarten. Diese Konstellation traf in der hier vorgestellten Untersuchung auf 30 Kinder zu. Bis auf eine Ausnahme verweigerten *alle* diese Kinder den Gebrauch der deutschen Sprache zumindest phasenweise. Die gegenteilige Konstellation (konsequente Spracherziehung, Deutsch als Partnersprache, viele Kontakte zu anderen Deutschen, zweisprachiger Kindergarten) traf nur auf drei von hundert Kindern zu – was eindrucksvoll zeigt, wie *selten* günstige Umstände in der zweisprachigen Entwicklung zu sein scheinen. Von diesen Kindern verweigerte keines die deutsche Sprache.

Memo: Verweigerung einer Sprache

Die Mehrheit der zweisprachig aufwachsenden Kinder durchläuft Phasen, in denen sie den Gebrauch einer der Sprachen verweigern.

▷ Die Verweigerung einer Sprache kann *indirekt* geschehen, z.B., wenn eine deutsche Mutter mit ihrem Kind deutsch spricht, das Kind mit der Mutter jedoch griechisch.

- ▷ Oftmals formulieren Kinder auch ganz direkt und explizit, dass sie eine Sprache nicht sprechen wollen.

- ▷ Schon kleine Kinder gehen mitunter recht ökonomisch mit ihren Sprachen um. Wissen sie, dass ihr Gegenüber sie versteht, werden sie sich wahrscheinlich weigern, das Gesagte in der anderen Sprache zu wiederholen.

- ▷ Von Verweigerung betroffen ist fast immer die Sprache, die *nicht* Sprache des Landes ist, in dem das Kind aufwächst, die sogenannte *Nichtumgebungssprache*. Während die Umgebungssprache meistens selbstverständlich präsent ist, kann sich hinsichtlich der Nichtumgebungssprache aus Sicht des Kindes die Frage stellen, welche *Bedeutung* diese Sprache hat und welchen *Sinn* es macht, sie überhaupt zu sprechen.

Folgende Faktoren prägen die Bedeutung einer Sprache und haben damit einen Einfluss auf ihre Verweigerung durch das Kind:

- ▷ Wie *verbreitet* ist die Sprache in der Welt des Kindes? Je mehr nichtumgebungssprachige Personen sich im Umfeld des Kindes befinden, desto mehr Möglichkeiten hat das Kind, diese Sprache zu hören und zu sprechen. Damit steigt auch ihre Bedeutung für das Kind.

- ▷ Praktizieren die Eltern *konsequent* die zweisprachige Erziehung? Dann wird (werden) die Sprache(n) der Eltern einen großen Stellenwert im Leben des Kindes erhalten. Machen die Eltern dagegen viele Ausnahmen, wird dadurch insbesondere die Bedeutung der Nichtumgebungssprache in Frage gestellt.

- ▷ Welche ist die *Partnersprache* der Eltern? Sprechen sie untereinander die Nichtumgebungssprache, wird ihr Stellenwert für das Kind deutlich erhöht.

- ▷ Welcher *Kindergarten* steht zur Verfügung? Viele Kinder *beginnen* mit der Verweigerung bei Eintritt in einen einsprachigen Kindergarten. Hier machen sie die Erfahrung, dass nur die Umgebungssprache präsent und gefragt ist. In zweisprachigen Kindergärten dagegen ist Zweisprachigkeit Normalität – und entsprechend geringer ist der Anteil der Kinder, die die Nichtumgebungssprache verweigern.

- ▷ Auch das *Prestige* der Nichtumgebungssprache spielt eine Rolle: Wenn sie hoch angesehen ist, dann bekommt das Kind viel Anerkennung. So ist die Wahrscheinlichkeit groß, dass auch das Kind selbst seine Zweisprachigkeit als etwas Wertvolles wahrnimmt.

Tipps zum Umgang mit Verweigerungen

Die meisten Eltern fühlen sich tief verunsichert, traurig oder frustriert, wenn das eigene Kind ihre Muttersprache direkt oder indirekt ablehnt. Denn diese Sprache ist ja ein wesentlicher Bestandteil der Persönlichkeit von Mutter oder Vater. Es stellt sich die Frage: Was soll ich nun tun? Denn ich *möchte* doch, dass mein Kind mit mir in der Sprache spricht, die ich auch mit ihm spreche!

Zunächst einmal: Die Verweigerung einer Sprache ist innerhalb der zweisprachigen Entwicklung eher die Regel als die Ausnahme. Die Mehrheit zweisprachig aufwachsender Kinder verweigert – zumindest phasenweise und gegenüber bestimmten Personen – die Nichtumgebungssprache. Das bedeutet einerseits, dass Sie mit diesem Problem nicht allein dastehen – was ja schon einmal tröstlich sein kann. Andererseits bedeutet es aber auch, dass Sie gegen das *grundsätzliche Auftreten* der Verweigerungen nicht viel tun können. Sie können sich aber überlegen, wie Sie damit *umgehen* werden. Da Verweigerungen mitunter zu einem echten Kampf zwischen Eltern und Kindern führen, der nicht selten das (vorläufige) Ende der zweisprachigen Erziehung zur Folge hat, ist es wichtig, das Thema nicht auf die leichte Schulter zu nehmen, sondern den Umgang damit von Anfang an *bewusst* zu gestalten. Ein erster Schritt ist auch hier, das Verhalten Ihres Kindes zu *verstehen*. Ein weiterer ist, zu überprüfen, welche Möglichkeiten Sie haben, die Faktoren zu verändern, die einen Einfluss auf das Verweigerungsverhalten Ihres Kindes haben.

Tipps zum Umgang mit Verweigerungen

- Analysieren Sie einmal die Umstände, unter denen Ihr Kind zweisprachig aufwächst. Haben beide Sprachen in seiner Lebenswelt eine klare und große Bedeutung? Ist es für Ihr Kind klar ersichtlich, welchen *Sinn* es macht, beide Sprachen zu sprechen? Oder hat die Nichtumgebungssprache eher einen geringen Stellenwert?

- Gibt es nur wenig Kontakt zu anderen Nichtumgebungssprachlern? Versuchen Sie, derartige Kontakte aufzubauen bzw. zu intensivieren.

- Sind Sie die einzige Person, die mit Ihrem Kind diese Sprache spricht? Versuchen Sie auf jede erdenkliche Weise die Präsenz der Sprache im Leben Ihres Kindes zu erhöhen. Spielen Sie Musik in der Sprache, versuchen Sie, Reisen in das Land zu ermöglichen.

- Reflektieren Sie Ihr eigenes Spracherziehungsverhalten: Sprechen Sie (oder Ihr Partner) *konsequent* mit Ihrem Kind die Nichtumgebungssprache? Vermitteln Sie ihm so die *Unersetzlichkeit* dieser Sprache? Oder machen Sie viele Ausnahmen, die – aus Sicht des Kindes – zeigen, dass diese Sprache eigentlich gar nicht wichtig ist?

- ▷ Versteht Ihr Partner Ihre Sprache nicht? Versuchen Sie, ihm klar zu machen, wie wichtig es ist, dass auch er diese Sprache – zumindest ansatzweise – erlernt.

- ▷ Der Eintritt in einen einsprachigen Kindergarten stellt für Ihr Kind einen ganz sensiblen Punkt in seiner zweisprachigen Entwicklung dar. „Wappnen" Sie sich schon einmal – Verweigerungen sind jetzt besonders wahrscheinlich.

- ▷ Die Frage, ob Ihr Kind eine Sprache verweigert, hängt natürlich auch von seiner Persönlichkeit ab: Wie stark ist das Bedürfnis, nicht „anders" sein zu wollen als andere Kinder? Oder ist vielleicht der Stolz größer, etwas Besonderes zu können? Welche persönlichen sprachlichen Vorlieben sind vorhanden? Versuchen Sie, die persönliche Sichtweise und das daraus resultierende Verhalten Ihres Kindes zu verstehen und zu akzeptieren. Sie können wenig daran ändern.

- ▷ Üben Sie keinen Druck aus. Bestehen Sie nicht darauf, dass Ihr Kind in der von Ihnen gewollten Sprache spricht.

- ▷ Tun Sie niemals so, als ob Sie das Kind nicht verstehen, wenn es die – aus Ihrer Sicht – „falsche" Sprache spricht. Ihr Kind merkt und weiß ganz genau, was Sie verstehen und was nicht. Das Gefühl, nicht ernst genommen zu werden, wird sich auf keine Ebene der Entwicklung Ihres Kindes positiv auswirken.

- ▷ Vermitteln Sie Ihrem Kind aber, dass Sie bei Ihrer Sprache bleiben werden, indem Sie sie weiterhin sprechen, egal, welche Sprache Ihr Kind Ihnen gegenüber verwendet. Das ist nicht leicht – versuchen Sie es dennoch, es wird sich lohnen. Erklären Sie ihm auch ganz direkt: Das ist meine Sprache, sie ist mir wichtig, ich spreche sie besser als die andere usw.

3 „Eine Gratwanderung zwischen Höflichkeit und Konsequenz.“ Zweisprachige Erziehung

Egal, nach welcher Methode Kinder zweisprachig erzogen werden – im Mittelpunkt der Bemühungen steht bei vielen Eltern die *Konsequenz*, mit der die zweisprachige Erziehung betrieben wird: Wie konsequent sollte man sein? *Möchte* man überhaupt konsequent sein? Und wenn ja: Warum ist es so schwer, dieses Vorhaben dauerhaft umzusetzen?

3.1 Methoden zweisprachiger Erziehung

Auf welche Art und Weise Kinder in ihrer Familie zweisprachig aufwachsen, hängt zunächst von den Sprachen der Eltern ab: Haben Mutter und Vater unterschiedliche Muttersprachen, so wird meist die Methode *eine Person – eine Sprache* angewendet. Sprechen beide Eltern dieselbe Sprache, und ist diese eine andere als die Sprache des Landes, in dem sie leben, passt die Methode *Familiensprache – Umgebungssprache.*

Eine Person – eine Sprache

Die Methode *eine Person – eine Sprache* wird in vielen gemischtsprachigen / binationalen Familien praktiziert. Sie besagt, dass Mutter und Vater jeweils eine unterschiedliche Sprache mit ihrem Kind sprechen. In den allermeisten Fällen wählen Eltern diejenige Sprache, die sie am besten beherrschen und der sie sich auch emotional am tiefsten verbunden fühlen – und das wird fast immer ihre eigene Muttersprache sein. Es gibt Menschen, die sich in zwei Sprachen gleichermaßen zu Hause fühlen. Sie können die Sprache mit ihrem Kind nach weiteren Kriterien auswählen, z.B. danach, welche Sprache ohnehin durch das weitere

Umfeld vermittelt wird oder bei welcher Sprache es ihnen persönlich wichtiger erscheint, dass das Kind sie erwirbt.

Manchmal entschließen Eltern sich auch, in einer Sprache mit ihrem Kind zu sprechen, die für sie eigentlich eine *Fremdsprache* ist. Für eine solche Entscheidung kann es unterschiedliche Ursachen geben: Vielleicht hat ein Mensch im Land seiner Muttersprache traumatische Erlebnisse gehabt, die er leichter hinter sich lassen kann, wenn er die damit zusammenhängende Sprache verdrängt. Ganz andere Beweggründe haben z.B. deutsche Eltern, die mit ihren Kindern englisch oder französisch sprechen. Sie erhoffen sich von der frühen Vermittlung einer weiteren Sprache Vorteile für ihr Kind. Eine solcher Schritt sollte jedoch gut durchdacht werden. Denn je nachdem, wie gut bzw. schlecht Eltern diese Sprache tatsächlich beherrschen, kann es sein, dass sie ihrem Kind fehlerhafte oder in ihrer Vielfalt eingeschränkte Sprachvorbilder bieten. Die Wahrscheinlichkeit ist außerdem groß, dass die Eltern mit der Zeit an ihre eigenen sprachlichen – und vielleicht auch emotionalen – Grenzen stoßen werden. Welche Mutter / welcher Vater fühlt sich tatsächlich dauerhaft wohl dabei, mit seinen eigenen Kindern eine Sprache zu sprechen, die sie / er eigentlich als *Fremd*sprache empfindet und in der sie / er nur oberflächlich kommunizieren kann? Aufgrund dieser Erfahrung wechseln viele Eltern nach einiger Zeit zurück in ihre Muttersprache. Ein solch abrupter Sprachwechsel aber kann ein Kind zutiefst verunsichern. Bei der Wahl der Sprache zwischen Eltern und Kind sollte immer bedacht werden, dass Sprache in erster Linie ein *Medium* ist, in dem Eltern und Kinder zueinander eine Beziehung aufbauen, Kinder sich entwickeln, die Welt entdecken und erste soziale Bindungen eingehen (siehe ausführlich Kapitel 1.1). Ein leichtfertiger Eingriff in diese sensiblen Vorgänge ist ein sehr hoher Preis für einen vermeintlichen Bildungsvorteil durch frühe Fremdsprachenvermittlung. Sie möchten dennoch Ihrem Kind den frühen Zugang zu einer weiteren Sprache ermöglichen? Lesen Sie dazu die Tipps am Ende des Kapitels 1.2.

Kommen wir zu den gemischtsprachigen Familien zurück. Hier ist meistens eine der Sprachen auch Sprache des Landes, in dem die Familie lebt – die sogenannte *Umgebungssprache* –, und die andere eine

Nichtumgebungssprache. Der Erwerb der Umgebungssprache verläuft zumeist problemlos, da diese in der Öffentlichkeit in hohem Maße präsent und wertgeschätzt ist, und in den Kindergärten und Schulen gefördert wird. Dies ist für die *Nichtumgebungssprache* keinesfalls selbstverständlich. Ihr Erwerb durch das Kind hängt zunächst in hohem Maße von demjenigen Elternteil ab, der diese Sprache spricht.

Studien zu der Methode *eine Person – eine Sprache*[58] zeigen, dass das Prinzip *Jeder spricht seine (Mutter-)sprache mit dem Kind* eine ganze Reihe von Fragen mit sich bringt:

- *Welcher Elternteil* spricht welche Sprache? Es macht einen Unterschied, ob die Nichtumgebungssprache von einer Mutter gesprochen wird, die in den ersten Lebensjahren sehr viel Zeit mit dem Kind verbringt, oder von einem Vater, der erst spät abends von der Arbeit nach Hause kommt.

- Wie *gut beherrschen* beide Eltern die jeweils andere Sprache? Muss für einen Elternteil alles übersetzt werden?

- Welche Sprache(n) sprechen die Eltern *untereinander*? Ist ihre Partnersprache die Umgebungs-, die Nichtumgebungs- oder sogar eine Drittsprache?

- Welche Sprache(n) sprechen *Geschwister* untereinander?

- Wie *konsequent* setzen die Eltern die Methode *eine Person – eine Sprache* um?

- Welche Sprache wird in *Anwesenheit von Personen gesprochen, die nur eine Sprache verstehen*?

- Welches *Prestige* haben die Sprachen? Werden sie wertgeschätzt, oder als eher kleine, unwichtige Sprachen angesehen?

- Welche Sprache(n) sprechen die engeren und entfernteren *Verwandten, Freunde, Bekannten, Nachbarn*?

- Welche Einstellungen gegenüber Zweisprachigkeit / der Nichtumgebungssprache werden im engeren und weiteren sozialen Umfeld vertreten?

- Werden beide Sprachen im *Kindergarten* gefördert oder aber nur die Umgebungssprache?

Familiensprache – Umgebungssprache

Bei der Methode *Familiensprache – Umgebungssprache* wird innerhalb der Familie eine Nichtumgebungssprache gesprochen und außerhalb die Umgebungssprache. Diese Methode findet sich vor allem in einsprachigen Familien, die in ein anderes Land ausgewandert sind, also auch in vielen sogenannten *Familien mit Migrationshintergrund* in Deutschland. Der Vorteil dieser Konstellation ist, dass die beiden Sprachen einen klaren Einsatzbereich haben. Insbesondere die Funktion der *Nichtumgebungssprache* ist damit – zumindest zu Beginn – eindeutig: Sie ist die Sprache, in der das Kind von Geburt an aufwächst, und sich entwickelt. Sie ist unersetzliches und zunächst einziges Kommunikationsmittel innerhalb der Familie. Der Erwerb der Umgebungssprache hängt dagegen im Wesentlichen vom weiteren Umfeld der Familie ab. Wächst das Kind in seinen ersten Lebensjahren nur mit der Familiensprache auf, so stellt diese die Basis für den späteren Erwerb der Umgebungssprache dar (siehe Kapitel 1.2 und 2.1).

Obwohl die Umsetzung der Methode *Familiensprache – Umgebungssprache* auf den ersten Blick unkompliziert erscheint, so gibt es auch hier verschiedene Rahmenbedingungen, unter denen die zweisprachige Entwicklung und Erziehung höchst unterschiedlich verlaufen kann:[59]

- Wie *gut beherrschen* die Eltern die Umgebungssprache? Finden sie sich im Alltag des Landes, in dem sie leben, zurecht? Sind sie in der Lage, das Kind später in dieser Sprache bei den Hausaufgaben zu unterstützen? Oder wird andersherum das Kind schon in jungen Jahren für die Eltern übersetzen müssen, und das ggf. auch in schwierigen, nicht kindgerechten Situationen (z.B. bei Arztbesuchen)?

- Wie *konsequent* bleiben die Eltern auch nach längerem Aufenthalt in dem Land und bei guten Kenntnissen der Umgebungssprache dabei, die Nichtumgebungssprache zu sprechen?

- Welche Sprache sprechen die Familienmitglieder miteinander, wenn sie sich *in einem Bereich befinden, der eigentlich zur Umgebungssprache gehört*, also z.B. im Supermarkt oder beim Abholen im Kindergarten?

- Welche Sprache wird in *Anwesenheit von Personen gesprochen, die nur die Umgebungssprache verstehen*?

- Welche Sprache(n) sprechen *Geschwister* untereinander? Häufig wird durch den Kindergarten- / Schulbesuch, der zumeist auch einen umgebungssprachigen Freundeskreis mit sich bringt, die *Umgebungssprache* zur Sprache der Geschwister. So wird die Verteilung Familiensprache – Umgebungssprache verändert. Je nach Sprachkenntnissen der Eltern kann es sein, dass auch sie nun zunehmend die Umgebungssprache innerhalb der Familie sprechen.

- Hat das Kind von klein auf Kontakt zu Menschen, die die Umgebungssprache sprechen?

- Werden im *Kindergarten* beide Sprachen gefördert, oder aber nur die Umgebungssprache?

- Hat das Kind bei Eintritt in einen *umgebungssprachigen Kindergarten* bereits Kenntnisse in dieser Sprache? Hat es die Möglichkeit, sich zu verständigen, oder macht es die verunsichernde Erfahrung, dass seine bisher erworbene Sprache hier nicht verstanden und möglicherweise sogar abgelehnt wird?

- Ebenso wie bei der Methode *eine Person – eine Sprache* spielen auch bei *Familiensprache – Umgebungssprache* das *Prestige* der Nichtumgebungssprache sowie die Einstellungen gegenüber Zweisprachigkeit / der Nichtumgebungssprache im sozialen Umfeld eine Rolle.

Diese (selbstverständlich nicht vollständigen) Listen zeigen, dass selbst bei ursprünglich eindeutiger Methode die zweisprachige Entwicklung und Erziehung von ganz unterschiedlichen Rahmenbedingungen begleitet und somit sehr individuell gestaltet sein kann. Ausführlich werden all diese Aspekte an verschiedenen Stellen dieses Buches besprochen (siehe z.B. Kapitel 1.2, 2.3 und 3.2).

Memo: Methoden zweisprachiger Erziehung

▷ Die Methode *eine Person – eine Sprache* besagt, dass Mutter und Vater jeweils eine andere Sprache, zumeist ihre eigene Muttersprache, mit ihrem Kind sprechen.

▷ Nach der Methode *Familiensprache – Umgebungssprache* wird innerhalb der Familie eine Nichtumgebungssprache gesprochen und außerhalb die Umgebungssprache.

▷ Die tatsächliche Gestaltung beider Methoden kann individuell sehr unterschiedlich sein, denn sie wird durch zahlreiche Rahmenbedingungen beeinflusst, nämlich u.a. durch: Die Sprachkenntnisse der Eltern, das Prestige der Sprachen, die sprachlichen Kontakte außerhalb der Familie, die Einstellungen des sozialen Umfeldes gegenüber Zweisprachigkeit, die Förderung in Kindergarten und Schule.

3.2 Das Problem mit der Konsequenz

Obwohl sich das Prinzip *jeder Elternteil spricht seine Sprache mit dem Kind* zunächst sehr einfach anhört, kann die praktische Umsetzung doch mit einer ganzen Reihe von Schwierigkeiten verbunden sein, in deren Mittelpunkt die *konsequente Einhaltung* der einmal getroffenen Sprachwahl steht. Davon sind besonders diejenigen Mütter und Väter betroffen, die eine sogenannte *Nichtumgebungssprache* sprechen, also eine andere als die Sprache des Landes, in dem sie leben. In Familien, in denen die Methode *Familiensprache – Umgebungssprache* gilt, werden das *beide* Elternteile sein, bei *eine Person – eine Sprache* Mutter *oder* Vater. Wie entstehen diese Schwierigkeiten und wie kann man ihnen begegnen? Eine Grundlage zur Beantwortung dieser Fragen bietet die in diesem Buch schon mehrfach zitierte Untersuchung, in der hundert Mütter aus zweisprachigen (griechisch-deutschen) Familien interviewt wurden.[60] Aus ihr stammen auch die angegebenen Zitate und Prozentzahlen.

„Ich hätte es besser machen sollen.“ Anspruch und Realität

Eine Mutter (ein Vater) sollte mit ihrem Kind ihre eigene Muttersprache sprechen. Sie stimmen dieser Aussage zu? Dann sind Sie in guter Gesellschaft, denn 97% der befragten Mütter waren ebenfalls dieser Meinung.

> ☺ Eine griechische Mutter in München:
> „Wenn man eine Sprache mit dem Kind spricht, die man selbst nicht gut kann, dann lernt es sie auch falsch.“

> ☺ Eine deutsche Mutter in Thessaloniki:
> „Man sollte immer die Muttersprache sprechen, sonst kann man doch keine Gefühle ausdrücken!“

Die Argumente beinhalten Selbstverständliches: Ein Kind braucht für den Erwerb einer Sprache gute sprachliche Vorbilder. Und: Die eigene Muttersprache ist diejenige, die ein Mensch gemeinhin am besten beherrscht, der er sich am tiefsten verbunden fühlt und die er deshalb auch mit seinen eigenen Kindern sprechen möchte. Im Kontext der zweisprachigen Erziehung scheint es jedoch nicht immer leicht zu sein, diese grundsätzliche Überzeugung tatsächlich konsequent umzusetzen. Das zeigen die folgenden Angaben zum Spracherziehungsverhalten der interviewten Mütter. Zur Erinnerung: Es handelte sich um griechische Mütter in Deutschland und deutsche Mütter in Griechenland – ihre Muttersprache war also jeweils eine Nichtumgebungssprache. Von ihnen gaben an:

97% Eine Mutter (ein Vater) sollte mit ihrem Kind ihre eigene Muttersprache sprechen.

83%: Ich habe in den ersten Lebensjahren meines Kindes mit ihm meine Muttersprache gesprochen.

28%: Ich bin auch weiterhin dabei geblieben und habe konsequent meine Muttersprache mit meinem Kind gesprochen.

72%: Ich bin mit der Zeit inkonsequent geworden und habe immer öfter mit meinem Kind in der Umgebungssprache gesprochen.

Obwohl also 97% der *grundsätzlichen Meinung* waren, dass Eltern mit ihren Kindern ihre eigene Muttersprache sprechen sollten, und 83% dies zu Beginn auch taten, blieben im Laufe der Zeit nur 28% der befragten Mütter konsequent dabei. Die übrigen 72% wurden inkonsequent und sprachen fortan (auch) die Umgebungssprache mit ihrem Kind.

Was sind die möglichen Folgen? Je nachdem, wie es um die Sprachkenntnisse der Eltern bestellt ist, kann es sein, dass sie ihrem Kind nur fehlerhafte oder in ihrer Vielfalt eingeschränkte Sprachvorbilder in der

Umgebungssprache bieten können. Die Chancen stehen aber dennoch recht gut, dass sich das Kind die Umgebungssprache umfassend aneignet, denn es wird im weiteren Umfeld, in Kindergarten und Schule genügend Anregung und Förderung in dieser Sprache erhalten. Die *Nichtumgebungssprache* jedoch verliert an Präsenz und Bedeutung, wenn die Eltern sie kaum oder gar nicht mehr sprechen. So hat ihr Kind weniger Möglichkeiten, diese Sprache überhaupt zu hören und anzuwenden. Zudem wird es sie zunehmend als unwichtig empfinden, denn seine Eltern scheinen sie ja zugunsten der – im Umfeld ohnehin präsenteren – Umgebungssprache aufzugeben. Unter solchen Umständen ist es gut möglich, dass das Kind die Nichtumgebungssprache mit der Zeit kaum oder gar nicht mehr spricht.

Dieses (vorläufige) Ende der zweisprachigen Entwicklung bedeutet nicht nur für das Kind einen Verlust. Auch die Eltern sind zumeist enttäuscht, wenn sie feststellen, dass ihr Kind ihre Muttersprache nicht so gut beherrscht, wie sie es sich gewünscht haben:

> ☺ Eine deutsche Mutter in Thessaloniki:
> „Ich bin nicht sehr zufrieden. Ich bin selbst schuld, denn ich spreche selbst auch viel Griechisch mit den Kindern. Ich müsste mich mehr dahinter klemmen."

> ☺ Eine griechische Mutter in München:
> „Ich habe immer mehr Deutsch gesprochen. Im Nachhinein ist die Trauer massiv und das Bedauern tief, dass meine Kinder mit mir nicht griechisch sprechen. Mit meiner vierten Tochter habe ich dann sehr viel Griechisch gesprochen."

Der Zusammenhang zwischen Inkonsequenz und Unzufriedenheit – mitunter gar dem Gefühl der Schuld und des Versagens – spiegelt sich auch in folgenden Zahlen: 93% derjenigen Mütter, die die Spracherziehung konsequent gestalteten, gaben an, allgemein *sehr zufrieden* mit dem Verlauf der zweisprachigen Entwicklung und Erziehung zu sein, dagegen nur 43% der Inkonsequenten. Von ihnen waren 32% *sehr unzufrieden*.

Nun ruft natürlich Konsequenz nicht automatisch Zufriedenheit hervor (das wäre auch merkwürdig, beinhaltet Konsequenz doch eine gewisse Strenge, Zufriedenheit dagegen Gelassenheit ...). Eine Ursache für die Unzufriedenheit der Eltern ist sicherlich die kritische Bewertung der Sprachkenntnisse ihrer Kinder. Vor allem aber ist es die *Diskrepanz* zwischen Überzeugung und Anspruch einerseits und Schwierigkeiten in der praktischen Umsetzung andererseits, die von den Betroffenen als Konflikt empfunden wird: *Eigentlich möchte und sollte ich mit meinem Kind meine eigene Muttersprache sprechen, aber ich schaffe das nicht immer*. Hinzu kommt, dass inkonsequentem Spracherziehungsverhalten selten *konkrete Entscheidungen* vorausgegangen sind. Die Schilderungen der Mütter zeigen vielmehr, dass es meist *unbewusste, schleichende Prozesse* sind, die zu Inkonsequenz führen. Eines Tages zeigt sich, dass es sich „eben im Laufe der Zeit so ergeben hat", dass die betroffenen Eltern mit ihrem Kind kaum noch ihre eigene Muttersprache sprechen, und das macht sie unzufrieden und enttäuscht. Was können Sie tun, um einen solchen Verlauf zu verhindern?

Um eines gleich von Anfang an klarzustellen – der zentrale Ratschlag lautet *nicht*: Seien Sie unbedingt konsequent! Es kommt vielmehr darauf an, dass sie Ihre Spracherziehung *bewusst* gestalten. Konkrete Anregungen dazu finden sich in der zweiten Hälfte dieses Kapitels. Zunächst aber werden die Ursachen ungewollter Inkonsequenz analysiert.

„Ich verfalle immer öfter ins Griechische."
Ursachen ungewollter Inkonsequenz

Was bringt Eltern dazu, entgegen ihrer Überzeugung zu handeln, die konsequente Verwendung ihrer Muttersprache gegenüber dem Kind aufzugeben und in der Umgebungssprache zu sprechen? Neben der Persönlichkeit der Eltern sind es ihre *individuellen Rahmenbedingungen*, die sich auf ihr Spracherziehungsverhalten auswirken. Die folgende Analyse zeigt deutlich, wie *schwer* es sein kann, dauerhaft eine Sprache zu sprechen, die nicht Sprache der Umgebung ist.

Schauen wir einmal in eine zweisprachige Familie in Griechenland hinein: Der Vater ist Grieche, die Mutter Deutsche. Wie konsequent, also wie durchgängig nun die Mutter die deutsche Sprache mit ihrem Kind sprechen wird, hängt zunächst einmal von *den Sprachkenntnissen des Vaters* ab:

> ☺ Eine deutsche Mutter in Thessaloniki:
> „Mein Mann versteht ja nichts, da müssen wir griechisch reden. Sonst reden wir ja aneinander vorbei. Also rede ich nur deutsch, wenn ich mit meiner Tochter allein bin."

> ☺ Eine deutsche Mutter in Athen:
> „Es ist auch belastend, in dem Moment, wenn der Mann die deutsche Sprache nicht versteht und er manchmal nicht teilnehmen kann. Dann haben wir uns geeinigt, dass wir, wenn er dabei ist, griechisch sprechen."

Wenn der Vater die deutsche Sprache kaum oder gar nicht versteht, dann ist die Wahrscheinlichkeit groß, dass die Mutter in seiner Gegenwart auch mit dem Kind Griechisch anstatt Deutsch spricht (82% der befragten Mütter taten dies). Denn natürlich ist es im Alltag einfacher, direkt für alle verständlich griechisch zu sprechen, als sich dem Kind gegenüber auf Deutsch zu äußern und das Gesagte anschließend für den Vater zu übersetzen. Umgekehrt wird die Verwendung der deutschen Sprache innerhalb der Familie vereinfacht, wenn der Vater *gute* deutsche Sprachkenntnisse hat, denn dann kann die Mutter mit dem Kind deutsch sprechen, ohne dass sie für den Vater übersetzen muss.

Noch unkomplizierter für die Mutter wird es, wenn sie und ihr Partner auch *untereinander* deutsch sprechen. So kann sie durchgängig innerhalb der Familie die Nichtumgebungssprache Deutsch verwenden, und das wirkt sich positiv auf ihre generelle Konsequenz gegenüber dem Kind aus: 44% der befragten Mütter sprachen konsequent die Nichtumgebungssprache mit ihren Kindern, wenn diese zugleich die Partnersprache der Eltern war, dagegen nur 25% derjenigen Mütter, die mit ihrem Mann die Umgebungssprache sprachen.

Auch die Sprachkenntnisse des *nichtumgebungssprachigen Elternteils* spielen natürlich eine große Rolle: Wie gut beherrscht die deutsche Mutter in Griechenland die griechische Sprache? Hat sie nur geringe oder gar keine Griechischkenntnisse, wird sie kaum mit ihrem Kind griechisch sprechen (können bzw. wollen). Beherrscht sie die Sprache dagegen gut, ist die Wahrscheinlichkeit größer, dass sie diese auch mit ihrem Kind spricht.

> ☺ Eine deutsche Mutter in Athen:
> „Am Anfang konnte ich nicht so gut Griechisch, da fiel es mir leichter, konsequent zu sein. In letzter Zeit verfalle ich immer öfter ins Griechische.“

Hier zeichnet sich ein vermeintliches Dilemma ab: Gute Kenntnisse der Umgebungssprache scheinen die konsequente Umsetzung der zweisprachigen Erziehung zu *erschweren*. Dies empfinden zumindest die Betroffenen selbst mitunter so:

> ☺ Eine deutsche Mutter in Athen:
> „Wenn ich nicht so gut Griechisch sprechen könnte, wäre es wahrscheinlich für die Zweisprachigkeitsentwicklung besser gewesen.“

Nun steht es zweifellos außer Frage, dass jeder Mensch die Sprache des Landes, in dem er lebt, möglichst gut erwerben sollte. Eltern *ohne* Kenntnisse der Umgebungssprache werden zahlreiche sprachliche Einschränkungen und Frustrationen im Alltag erleben müssen und nur eingeschränkt am gesellschaftlichen Leben teilhaben können. Darunter wird ihre Lebensqualität erheblich leiden. Das darf selbstverständlich niemals der Preis für „erleichterte Konsequenz in der Spracherziehung“ sein und stellt auch mitnichten eine gute Basis für ein ausgeglichenes

Erziehungsverhalten dar. Nein, es ist *gerade* für die zweisprachige Entwicklung des Kindes gut und wichtig, dass die Eltern neben ihrer Muttersprache auch die Umgebungssprache beherrschen! Denn so leben sie ihrem Kind Zweisprachigkeit vor. Sie vermitteln ihm, dass es normal ist, zwei Sprachen zu sprechen, und dass dies eine wertvolle Fähigkeit und Bereicherung ist. Es sind weniger die *Kenntnisse* der Umgebungssprache, die den Eltern die zweisprachige Erziehung mitunter erschweren, sondern vielmehr ihr *unreflektierter Einsatz* (konkrete Tipps dazu finden sich weiter unten in diesem Kapitel).

Auf die konsequente Spracherziehung können auch Geschwister einen Einfluss haben, denn sie gestalten die Sprachverteilung innerhalb der Familie entscheidend mit: Welche Sprache sprechen sie mit Vater, Mutter und insbesondere mit Schwester oder Bruder?

> ☺ Eine deutsche Mutter in Thessaloniki:
> „Ich habe es konsequent gemacht, ich habe mit beiden Kindern ausschließlich deutsch gesprochen. Beim ersten Kind war das auch kein Problem, aber beim zweiten Kind fing es an, kompliziert zu werden, weil die Kinder von Anfang an griechisch miteinander gesprochen haben. Bei meinem zweiten Kind war so die griechische Sprache von Anfang an viel stärker vorhanden."

Auch indirekt können sich ältere Geschwister auf das Spracherziehungsverhalten auswirken: Die Erfahrungen, die Eltern in der Spracherziehung ihres ersten Kindes gemacht haben, schlagen sich nicht selten in einem veränderten Verhalten gegenüber nachfolgenden Kindern nieder:

> ☺ Eine griechische Mutter in Berlin:
> „Ich sprach Griechisch und mein Mann Deutsch. Es gab aber große Ausnahmen, die ich als meinen Fehler betrachte. Das war falsch, wie ich gesehen habe. Bei dem zweiten Kind bin ich konsequent geworden und sehe auch eine bessere Sprachleistung."

In diesem Beispiel achtete die Mutter bei ihrem zweiten Kind verstärkt darauf, konsequent zu sein, nachdem sie dies beim ersten Kind (aus ihrer jetzigen Sichtweise) versäumt hatte. Es kann aber auch der gegenteilige Effekt eintreten: Wie viele andere Bereiche der kindlichen Entwicklung auch, gestalten Eltern bisweilen die Spracherziehung des zweiten Kindes nicht mehr so gewissenhaft wie die des ersten. Sie sind routinierter geworden, und darüber hinaus bleibt bei zwei oder mehr Kindern einfach weniger Zeit und Energie für jedes einzelne.

> ☺ Eine deutsche Mutter in Athen:
> „Beim zweiten Kind ist es schwieriger, man hat ja nicht mehr so viel Zeit".

Zweisprachige Erziehung findet jedoch nicht nur innerhalb der Familie statt. Auch das soziale Umfeld hat einen nicht unerheblichen Einfluss. Das machen bereits die Begriffe *Umgebungs-* bzw. *Nichtumgebungssprache* deutlich, indem sie den wohl wichtigsten Unterschied zwischen den beiden Sprachen Zweisprachiger bezeichnen: Die eine Sprache wird in der Umgebung / im Land gesprochen, ist entsprechend präsent und wertvoll, die andere *nicht*. Und das hat mitunter tiefgreifende Folgen sowohl für die zweisprachige Entwicklung des Kindes (siehe z.B. Kapitel 1.2, 2.3), als auch für das Spracherziehungsverhalten der Eltern. Tatsächlich ist eine der bedeutsamsten Ursachen dafür, dass viele Eltern mit der Zeit ihre Nichtumgebungssprache aufgeben, der Umstand, dass diese *in der Umgebung nicht verstanden wird.*

> ☺ Eine deutsche Mutter in Athen:
> „Ich spreche mit den Kindern deutsch. Griechisch, wenn griechische Verwandte oder Freunde da sind. Das ganze Umfeld ist griechisch, die Schwiegereltern, die anderen Mütter. Deshalb komme ich immer wieder in das Griechische rein."

Die geschilderte Situation scheint prädestiniert dafür zu sein, dass Eltern von ihrem ursprünglichen Vorhaben, konsequent zu sein, abweichen. Die Mehrheit (64% der befragten Mütter) wechselt *im Gespräch mit ihrem eigenen Kind* in die Umgebungssprache, wenn Personen anwesend sind, die die Nichtumgebungssprache nicht verstehen. Einer der Gründe für dieses Verhalten ist das eigene Bestreben, nicht unhöflich sein zu wollen, bzw. die Befürchtung, jemand könnte den Eindruck bekommen, dass schlecht über ihn geredet wird.

> ☺ Eine deutsche Mutter in Athen:
> „Die Spracherziehung sollte konsequent sein, aber bei uns war das nicht immer so. Das ganze Umfeld war griechisch, so dass ich oft mit den Kindern griechisch gesprochen habe, damit sich die anderen nicht ausgeschlossen fühlten. Es ist eine Gratwanderung zwischen Höflichkeit und Konsequenz."

> ☺ Eine griechische Mutter in Berlin:
> „Es ist auch eine Belastung, man muss auf das Umfeld achten, damit sie nicht denken, dass man über sie spricht. Wenn ich konsequent griechisch gesprochen habe, musste ich gleich dazu eine Erklärung abgeben, dass ich nichts Böses gesagt habe."

Bisweilen formulieren Bekannte oder Verwandte auch ganz direkt ihren Unmut darüber, dass in ihrer Anwesenheit eine Sprache gesprochen wird, die sie nicht verstehen.

> ☺ Eine deutsche Mutter in Thessaloniki:
> „Meine griechischen Bekannten haben gesagt, dass es sie sehr stört, wenn ich mit meinen Kindern deutsch spreche, wenn sie dabei sind. Das ärgert sie unwahrscheinlich."

Die zweisprachige Erziehung ist „eine Gratwanderung zwischen Höflichkeit und Konsequenz" – diese Wahrnehmung teilen wohl die meisten Eltern. Insbesondere, wenn sich im sozialen Umfeld der Familie sehr *viele* Personen befinden, die die Nichtumgebungssprache nicht verstehen, fällt es schwer, in der Spracherziehung konsequent zu bleiben: Nur 8% der Mütter sprachen unter solchen Umständen weiterhin konsequent die Nichtumgebungssprache mit ihrem Kind, dagegen 46% derjenigen, die seltener in Gesellschaft von Menschen waren, die diese Sprache nicht verstehen. Es erstaunt nicht, dass der Kontakt zu *Nichtumgebungssprachlern* – also z.B. zu Deutschen in Griechenland – ein konsequentes Spracherziehungsverhalten unterstützt, denn in ihrer

Gegenwart ist die Verwendung dieser Sprache ganz natürlich und selbstverständlich. Gab es relativ *viele* Nichtumgebungssprachler im sozialen Umfeld der Mütter, so blieben 40% konsequent, bei *wenigen* derartigen Kontakten dagegen nur 12%.

Es ist übrigens bemerkenswert, dass es bei der Frage, ob es unhöflich ist, eine Sprache zu sprechen, die andere nicht verstehen, egal zu sein scheint, ob das Gesagte zwischen Mutter und Kind die außenstehende Person *überhaupt betrifft* oder nicht. Es geht hier weniger darum, dass es tatsächlich notwendig oder in irgendeiner Weise von Vorteil wäre, wenn Frau Müller versteht, dass die Tochter von Frau Mavridis sich ihre Pantoffeln anziehen soll. Vielmehr geht es hier um ein Prinzip, nämlich: *Das gehört sich nicht!* In welchem Maße die jeweiligen Mütter und Väter diesen Grundsatz tatsächlich annehmen und sich nach ihm richten, hängt im Wesentlichen von ihrer Persönlichkeit ab. Aber auch das Maß an Toleranz und Verständnis, das den Eltern durch ihr Umfeld (nicht) entgegengebracht wird, spielt hier eine erhebliche Rolle.

Wodurch werden die Einstellungen außenstehender Personen gegenüber Zweisprachigkeit bzw. gegenüber einer bestimmten Sprache geprägt? Zunächst einmal spielt das allgemeine Ansehen der jeweiligen Sprache eine große Rolle. Dies sei hier noch einmal am Beispiel Griechisch und Deutsch veranschaulicht (siehe ausführlich Kapitel 1.4): Die deutsche Sprache genießt in Griechenland gemeinhin ein eher hohes Ansehen, während Griechisch in Deutschland als vergleichsweise kleine, unwichtige Sprache angesehen wird. Deutlich wurde das auch in den Berichten der befragten Mütter: 97% der deutschen Mütter in Griechenland erlebten eine ausdrückliche Wertschätzung ihrer Muttersprache, griechische Mütter in Deutschland dagegen nur zu 68%. Sie erfuhren zu 43% eine ablehnende Haltung – deutsche Mütter in Griechenland nur zu 18%. Vergleicht man nun die Spracherziehung der Mütter, zeigt sich, dass sich ein niedriges Sprachprestige negativ auf die zweisprachige Erziehung auswirken kann: In Griechenland verhielten sich 33% der Mütter konsequent, in Deutschland dagegen nur 20%.

Einen Einfluss auf ganz anderer Ebene hat die *emotionale Nähe* einer Person zu der zweisprachigen Familie. Stellen Sie sich die griechische Oma eines Kindes vor, dessen Mutter deutsch mit ihm spricht. Es ist naheliegend, dass sich die Großmutter aus dem familiären Kreis ausgeschlossen fühlt, wenn sie nicht versteht, was gesprochen wird. Andererseits kann es sein, dass sie *gerade* aufgrund ihres engen Kontaktes zur Familie Verständnis für die zweisprachige Erziehung hat sowie das Vertrauen: Ich bin in dieser Familie willkommen, auch, wenn ich manchmal nicht verstehe, was gerade gesprochen wird.

Meinungen und Einstellungen werden immer auch in hohem Maße durch *persönliche Erfahrungen* geprägt. Menschen, die selbst Erfahrungen mit Zweisprachigkeit haben – sei es, weil sie selbst zweisprachig sind, oder weil sie in einer gemischtsprachigen Ehe leben – können eine große Hilfe für zweisprachig erziehende Eltern sein. Denn für sie ist Zweisprachigkeit etwas ganz Normales und Selbstverständliches. Da sie selbst wissen, wie es ist, sich sprachlichen Zwängen unterwerfen zu müssen, akzeptieren sie es eher als andere, wenn in ihrer Gegenwart eine Sprache gesprochen wird, die sie nicht verstehen. Für zweisprachig erziehende Eltern können derart erfahrene Personen Unterstützung auf unterschiedlichen Ebenen bieten:

☺ Eine griechische Mutter in München:
„Ich habe einige Freundinnen, die aus binationalen Ehen kommen, und die ihren Kindern ihre Muttersprache nicht früh genug vermittelt haben. Vielleicht, weil sie niemanden kannten, der ihnen seine Erfahrungen mitteilen konnte. Das haben sie bitter bereut. Es ist für die Mütter eine Qual, immer die Übersetzerin in der Familie zu spielen und die Abhängigkeit der Kinder zu erleben, die ohne Übersetzung nichts verstehen. Weil ich das von mehreren gehört habe, habe ich gesagt: Nein, das will ich nicht für meine Kinder."

☺ Eine deutsche Mutter in Thessaloniki:
„Nur eine Freundin, die selber konsequent war mit ihren Kindern, hat geschimpft und gesagt: ‚Du musst deutsch sprechen, Du musst durchhalten und darauf bestehen, dass die deutsche Sprache auch benutzt wird!' Sie war die einzige, die mich da unterstützt hat."

☺ Eine deutsche Mutter in Athen:
„Austausch mit Bekannten, die selbst Erfahrung mit Zweisprachigkeit haben, ist sehr wichtig. Es tröstet einen in schweren Stunden."

Familien, in denen die Kinder ebenfalls zweisprachig aufwachsen, stellen gewissermaßen *Modelle* dar, an denen der Erfolg bzw. Misserfolg bestimmter Methoden abgelesen werden kann. Derartige Beobachtungen können Eltern helfen, sich darüber klar zu werden, welcher Weg für sie selbst der richtige ist. Möchten sie es am liebsten genau so machen wie Familie Müller, oder aber bewusst ganz anders? Oft können Menschen, die selbst Erfahrung mit zweisprachiger Erziehung haben, andere Eltern auch besonders gut beraten. Nicht selten werden ihre Ratschläge sogar als hilfreicher empfunden, als z.B. diejenigen von Kinderärzten, weil sie eben auf ganz konkreten Erfahrungen basieren. Schließlich kann ein Gespräch zweisprachig erziehender Eltern untereinander in schwierigen Phasen das gute Gefühl vermitteln, mit seinen Problemen – und natürlich auch mit den schönen Seiten der zweisprachigen Entwicklung und Erziehung! – nicht allein zu sein. Dass all dies auch die Konsequenz der Spracherziehung unterstützen kann, zeigen die folgenden Zahlen: Von denjenigen Müttern, die vergleichsweise viele Kontakte zu Personen unterhielten, die selbst mit Zweisprachigkeit Erfahrungen hatten, blieben 53% in ihrer Spracherziehung konsequent, dagegen nur 25%, die keine derartigen Kontakte hatten.

Besonders viele Gelegenheiten zum Austausch mit anderen zweisprachig erziehenden Eltern ergeben sich naturgemäß in *zweisprachigen Kindergärten* – und dies ist nur eine der Ebenen, auf denen diese Einrichtungen Unterstützung für die zweisprachige Erziehung bieten. Hinzu kommen Möglichkeiten der fachkompetenten Beratung durch die Erzieher/innen, die meist eine spezielle Ausbildung und praktische Erfahrung im Bereich der kindlichen Zweisprachigkeit haben (sollten!). Zudem werden in zweisprachigen Kindergärten beide Sprachen gleichberechtigt gefördert. Dadurch wird derjenige Elternteil, der die Nichtumgebungssprache in der Familie vertritt, entlastet: Es liegt nun nicht mehr ganz allein in seiner Verantwortung, ob und wie gut sein Kind die Sprache erwirbt.

Die *einsprachige Ausrichtung* eines Kindergartens kann dagegen indirekt zum Problem für zweisprachig erziehende Eltern werden. Nicht wenige Kinder beginnen aufgrund der plötzlichen Dominanz der Umgebungssprache damit, die Nichtumgebungssprache zu verweigern (ausführlich ist dies in Kapitel 2.3 besprochen).

> ☺ Eine griechische Mutter in Berlin:
> „Am Anfang habe ich nur griechisch gesprochen. Das hat sich geändert, als er in den Kindergarten gekommen ist. Da hat er nur die deutsche Sprache gehört, und je mehr er die sprach, desto schwieriger wurde es für mich, griechisch mit ihm zu sprechen. Er hörte ja alles auf Deutsch. Als er dann zur Schule kam, habe ich ganz mit dem Griechisch aufgehört.“

Direkte Konfrontationen können entstehen, wenn im einsprachigen Kindergarten und in seinem weiteren Umfeld Zweisprachigkeit nicht selbstverständlich als Wert anerkannt wird, sondern ggf. sogar ausdrücklich abgelehnt wird:

> ☺ Eine griechische Mutter in Berlin:
> „Am Anfang habe ich konsequent griechisch gesprochen, bis er mit drei Jahren in den Kindergarten kam. Dann habe ich immer mehr Deutsch gesprochen, und seit er vier ist, spreche ich fast nur noch deutsch. Der Kindergarten war das Problem. Es war nicht gern angesehen, und das hat mich ins Schwanken gebracht. Sofort, wenn etwas war – z.B. hat er Lieder oft nur mitgesprochen, ohne Melodie –, kam die Frage von den Erzieherinnen, ob das nicht an der Zweisprachigkeit läge. Auch andere Mütter haben zu ihm gesagt: ‚Du musst deutsch sprechen!' Wenn ich mit denen zusammen war, habe ich immer deutsch gesprochen. Die Kinder wurden dabei immer verwirrter."

Hier zeigt sich, welch starken Einfluss kritisch-negative Haltungen gegenüber Zweisprachigkeit auf das Spracherziehungsverhalten haben können. Insbesondere dann, wenn diese derart geballt geäußert werden – gegenüber Kind *und* Mutter, durch Erzieher/innen des Kindergartens *und* Eltern – wird es äußerst schwer fallen, sich dem zu widersetzen und weiterhin konsequent die Nichtumgebungssprache zu sprechen.

Die Berichte machen deutlich, wie nachhaltig sich der Besuch eines einsprachigen Kindergartens auswirken kann – mitunter bedeutet er gar den Anfang vom Ende der zweisprachigen Entwicklung und Erziehung. Derartig negative Erfahrungen sind leider keine Seltenheit. Dennoch kann natürlich nicht davon die Rede sein, dass dies auf sämtliche einsprachigen Kindergärten zutrifft. Im Gegenteil. Es gibt zahlreiche Beispiele dafür, wie in „einsprachigen Kindergärten" – deren Gruppenzusammensetzung natürlich in Wahrheit *viel*sprachig ist – mit großem Engagement Wege gesucht und erprobt werden, um die zweisprachige Entwicklung der einzelnen Kinder zu unterstützen. Aber anders als für zweisprachige Kindergärten, in denen *gerade* die Zweisprachigkeit im Mittelpunkt der pädagogischen Arbeit steht – ist dies für einsprachige Einrichtungen eben *nicht selbstverständlich*. Hier hängt der Umgang mit Mehrsprachigkeit von dem jeweiligen Konzept, dem Träger und in hohem Maße von den ganz individuellen Einstellungen und dem persönlichen Engagement der Pädagog/innen ab, die dort arbeiten.

Dass sich die ein- oder aber zweisprachige Ausrichtung des besuchten Kindergartens auf die Konsequenz auswirkt, mit der Eltern ihre zweisprachige Erziehung praktizieren, zeigt sich auch in den folgenden Ergebnissen: Der Prozentsatz konsequenter Mütter war in einsprachigen Kindergärten mit 16% wesentlich niedriger war als in zweisprachigen mit 53%.

In dem oben zitierten Erfahrungsbericht kommt noch ein weiterer Zusammenhang zum Ausdruck: Auch *das Verhalten des Kindes selbst* hat einen Einfluss auf die Konsequenz bzw. Inkonsequenz der Eltern. Dazu zwei weitere Beispiele:

> ☺ Eine deutsche Mutter in Thessaloniki:
> „Sie hat angefangen, griechisch mit mir zu sprechen. Ich habe versucht, beim Deutschen zu bleiben, aber ich bin zunehmend auch zum Griechischen gekommen."
>
> ☺ Eine deutsche Mutter in Thessaloniki:
> „Dass sie auf Griechisch antwortet, passiert meistens. Ich rede dann auch oft griechisch. Vielleicht, wenn ich von Anfang an darauf bestanden hätte, deutsch zu sprechen ..."

Die meisten Kinder verweigern im Laufe ihrer zweisprachigen Entwicklung (phasenweise) den Gebrauch der Nichtumgebungssprache (siehe Kapitel 2.3). Diese Verweigerung einerseits und ein inkonsequentes Spracherziehungsverhalten andererseits beeinflussen sich *gegenseitig*: Wenn eine deutsche Mutter ihr Kind auf Deutsch anspricht, und dieses auf Griechisch antwortet, dann kann dies zur Folge haben, dass auch die Mutter mit der Zeit in die griechische Sprache wechselt –

46% der befragten Mütter verhielten sich so. Spricht nun aber die Mutter häufig mit ihrem Kind griechisch, wird das Kind ebenfalls immer öfter mit seiner Mutter griechisch sprechen – es besteht also eine *Wechselwirkung* zwischen Verweigerung und Inkonsequenz.

Memo: Das Problem mit der Konsequenz

- ▷ Das Prinzip *jeder Elternteil spricht seine Sprache mit dem Kind* hört sich zunächst ganz einfach an. Seine praktische Umsetzung kann jedoch mit einer Reihe von Schwierigkeiten verbunden sein: Viele Eltern, deren Muttersprache eine *Nichtumgebungssprache* ist, geben im Laufe der Zeit die konsequente Verwendung dieser Sprache gegenüber dem Kind auf und sprechen mit ihm (auch) in der Umgebungssprache – obwohl sie von dem Grundsatz, mit ihrem Kind ihre eigene Muttersprache sprechen zu wollen, eigentlich überzeugt sind.

- ▷ Oftmals sind es nicht konkrete Entscheidungen, die der Inkonsequenz zugrunde liegen, sondern *unbewusst-schleichende Prozesse*. Dies und die Diskrepanz zwischen Anspruch und Realität führt bei vielen Eltern zu einem Gefühl der Unzufriedenheit.

Unterschiedliche Faktoren können die konsequente Einhaltung der ursprünglichen Sprachwahl erschweren. Sie sind im Folgenden zusammengefasst am Beispiel einer Familie in Griechenland, in der die Mutter die Nichtumgebungssprache Deutsch, der Vater Griechisch spricht.

- ▷ Welche *Sprachkenntnisse der deutschen Sprache* hat der griechische Vater? Wenn er sie kaum oder gar nicht versteht, dann muss die deutsche Mutter alles zweimal sagen: Einmal für das Kind auf Deutsch, dann für den Vater auf Griechisch.

- Welche ist die *Partnersprache* der Eltern? Wenn sie untereinander Deutsch sprechen, wird es für die Mutter leichter, diese Sprache auch konsequent ihrem Kind gegenüber zu verwenden.

- Beherrscht die deutsche Mutter auch die griechische Sprache gut? Das ist die Voraussetzung, um im Alltag handlungsfähig zu sein und am öffentlichen Leben in Griechenland teilnehmen zu können. Darüber hinaus kann die Mutter ihrem Kind so ein gutes *Vorbild gelebter und praktizierter Zweisprachigkeit* bieten.

- Wie ist das soziale Umfeld *sprachlich* zusammengesetzt? In Gegenwart von Personen, die nur die Umgebungssprache verstehen, ist es besonders schwierig, konsequent mit dem Kind eine andere Sprache zu sprechen, weil dies oft als unhöflich empfunden wird.

- Wie *verständnisvoll und tolerant* ist das soziale Umfeld? Negative Haltungen gegenüber Zweisprachigkeit / der Nichtumgebungssprache können die zweisprachige Erziehung erheblich beeinträchtigen.

- Gibt es viel *Kontakt zu Menschen, die selbst zweisprachig erziehen*? In ihrer Gegenwart ist Zweisprachigkeit etwas völlig Normales. Zudem kann der Austausch mit erfahrenen Personen überaus wohltuend und hilfreich sein.

- Wie wird im *Kindergarten* mit Zweisprachigkeit umgegangen? Wird sie wertgeschätzt und gefördert oder negiert bzw. sogar abgelehnt? Es kann außerordentlich zermürbend sein, gegen negative Meinungen von Erzieher/innen ankämpfen zu müssen.

▷ *Verweigert das Kind selbst eine Sprache*, und spricht mit seiner deutschen Mutter griechisch, so ist die Wahrscheinlichkeit groß, dass nun auch die Mutter ihrerseits griechisch mit dem Kind spricht. Zwischen Verweigerung und Inkonsequenz besteht ein wechselseitiger Zusammenhang.

Tipps zur bewussten Gestaltung zweisprachiger Erziehung

Die aufgestellte Liste von Faktoren, die einen Einfluss darauf nehmen können, wie konsequent Sie Ihr Kind zweisprachig erziehen, ist lang – und natürlich nicht vollständig. Sie können daran ablesen, dass es absolut *normal* – in manchen Situationen gar *unvermeidbar* – ist, dass Sie zuweilen von Ihrer ursprünglichen Sprachwahl abweichen. Die Vielzahl von Einflüssen führt aber auch dazu, dass sich Inkonsequenz häufig *unbewusst* einschleicht. Dadurch entsteht nicht selten ein Gefühl der Unzufriedenheit oder gar der Schuld – zumeist *im Nachhinein*, und dann fällt es besonders schwer, noch etwas zu ändern. Sie sind diesen Rahmenbedingungen jedoch nicht wehrlos ausgeliefert! Im Gegenteil: Die vorangegangene Analyse bietet eine Reihe von Ansatzpunkten für eine *eigenaktive, bewusste Gestaltung* der zweisprachigen Erziehung. An deren Anfang stehen einige ganz persönliche Überlegungen und Entscheidungen:

Welche Sprache *können und möchten Sie am liebsten mit Ihrem Kind sprechen*? Die spontane Antwort darauf ist meist intuitiv und vor allem auch langfristig die richtige. Sie wird diejenige Sprache bezeichnen, der Sie am tiefsten verbunden sind, in der Sie sich am wohlsten fühlen und die Sie am besten beherrschen. Vermutlich wird das Ihre eigene Muttersprache sein. Wenn Sie sich in zwei Sprachen gleichermaßen zu Hause fühlen, dann können Sie für Ihre Entscheidung andere Kriterien hinzuziehen, etwa: Welche Sprache(n) spricht mein Partner, welche wird ohnehin durch das weitere Umfeld vermittelt, bei welcher Sprache ist es mir wichtiger, dass mein Kind sie erwirbt?

Formulieren Sie als nächstes Ihre *Erwartungen an die zweisprachige Entwicklung Ihres Kindes*: Ist es Ihr Ziel, dass Ihr Kind beide Sprachen annähernd perfekt spricht, oder würde es ausreichen, wenn es sich – zunächst – nur Grundlagen in einer der Sprachen aneignet? Bei diesen Überlegungen sollten Sie berücksichtigen, dass die wenigsten zweisprachigen Menschen ihre beiden Sprachen perfekt beherrschen. Meist haben sie eine stärkere und eine schwächere Sprache. Setzen Sie Ihre Erwartungen schon aus diesem Grunde nicht zu hoch an. Bedenken Sie auch, dass es für Sie und Ihr Kind phasenweise mit *Anstrengung* verbunden sein kann, eine Sprache zu sprechen, die nicht Sprache des Landes ist, in dem Sie leben. Vertreten Sie diese Nichtumgebungssprache in der Familie, so haben Sie auch eine zentrale Bedeutung für den Erwerb dieser Sprache durch Ihr Kind. Die Erfüllung Ihrer Erwartungen hängt dann zuerst in hohem Maße von Ihnen selbst ab.

Sie liegt jedoch bei weitem nicht allein im Ihrem Einflussbereich. Schauen Sie sich Ihre individuellen Rahmenbedingungen einmal genauer an: Beherrschen sowohl Sie als auch Ihr Partner die Nichtumgebungssprache oder muss immerzu in die andere Sprache übersetzt werden? Hat Ihr Kind auch außerhalb seiner Kleinfamilie Kontakte zu Personen, die die Nichtumgebungssprache sprechen? Welche Einstellungen gegenüber Zweisprachigkeit herrschen in Ihrem engeren und weiteren sozialen Umfeld? Gibt es Kindergärten und Schulen, in denen die Zweisprachigkeit Ihres Kindes gefördert wird und in denen Sie fachkompetente Beratung bekommen können? Haben Sie die Möglichkeit, sich mit anderen zweisprachig Erziehenden auszutauschen? Passen Sie Ihre Erwartungen diesen Gegebenheiten – aber auch ihrer Veränderbarkeit! – an.

> ☺ Eine deutsche Mutter in Athen:
> „Wie gut das Kind eine Sprache lernt, das hängt auch vom Umfeld ab. Ich bin eigentlich die einzige, die mit ihm deutsch spricht, und ich bin berufstätig. Die griechische Sprache ist stärker, aber er lebt ja auch in Griechenland, und die Sprache ist vorrangig, alles andere wird sich finden."

Überlegen Sie nun, wie *wichtig Ihnen ganz persönlich Konsequenz in der zweisprachigen Erziehung ist.* Vielleicht denken Sie: Ich finde Konsequenz extrem wichtig. Oder: Konsequenz entspricht überhaupt nicht meiner Vorstellung gelebter Zweisprachigkeit. Machen Sie sich Ihre grundsätzliche Einstellung zunächst einmal *bewusst.* Stellen Sie diese dann Ihren Erwartungen und Ihren persönlichen Rahmenbedingungen gegenüber: Möchten Sie, dass Ihr Kind Ihre Muttersprache sehr gut erwirbt? Dann ist es wichtig, dass diese Sprache eine große Bedeutung für Ihr Kind hat und es einen *Sinn* darin erkennt, sie zu sprechen. Unersetzlich für Ihr Kind wird eine Sprache dann, wenn es die *einzige* Sprache zwischen ihm und einer engen Bezugsperson ist. Zwingend erforderlich ist Konsequenz zwar nicht. Auch Kinder inkonsequenter Eltern können beide Sprachen gut erwerben, insbesondere dann, wenn sie viele Kontakte zu anderen Menschen haben, die ebenfalls diese Sprache sprechen. Untersuchungen zeigen jedoch, dass die Wahrscheinlichkeit für eine gute zweisprachige Entwicklung bei Konsequenz der Eltern höher ist.[61] Insbesondere, wenn Ihr Kind die Erfahrung macht, dass die Sprache in seinem Umfeld nur mäßig oder überhaupt nicht präsent ist, sinkt der wahrgenommene Wert der Sprache beträchtlich. Dann ist es besonders wichtig, dass diejenigen, die diese Sprache sprechen, das mit möglichst wenigen Ausnahmen tun – vorausgesetzt, sie möchten, dass die Sprache im Leben des Kindes eine große Rolle spielt. So oder so – versuchen Sie, Ihre Erwartungen an die zweisprachige Entwicklung Ihres Kindes und den Grad Ihrer Konsequenz aufeinander abzustimmen. Dazu zwei Beispiele:

☺ Eine deutsche Mutter in Athen:
„Ich wollte keinen Druck ausüben, ich wollte, dass sie griechische Wurzeln hat. Ich bin mit dem Verlauf zufrieden. Dafür, dass es so schwierig war, ich so inkonsequent war und es so wenig Kontakt zu anderen deutschsprachigen Personen gab, kann sie gut Deutsch, und es gefällt ihr auch."

☺ Eine griechische Mutter in Berlin:
„Ich habe immer konsequent griechisch gesprochen, auch wenn andere Deutsche dabei waren oder er auf Deutsch geantwortet hat. Und es hat sich ausgezahlt, dass ich mir die Mühe gemacht habe. Ich finde es toll, wie er einen Bezug zu Dingen kriegt, die mir wichtig sind."

Analysieren Sie diejenigen Situationen, in denen Sie inkonsequent werden. Häufig sind es äußere Faktoren, die dazu führen, dass Sie – eigentlich ungewollt – mit Ihrem Kind eine andere als die ursprünglich gewählte Sprache sprechen. Überlegen Sie einerseits: Für welche Gesprächsinhalte empfinden Sie persönlich die andere Sprache einfach als geeigneter – sei es, weil manches in dieser Sprache besser ausgedrückt werden kann, oder weil Sie von einer Situation berichten, die sich in dieser Sprache abgespielt hat? Und: Bei welchen Gelegenheiten sind praktische Gründe wichtiger als die Einhaltung von Erziehungsprinzipien? Dies könnte z.B. der Fall sein, wenn Sie einfach zu wenig Zeit haben, dasselbe zweimal in beiden Sprache zu sagen. Andererseits: In welchen Situationen ist der Sprachwechsel eigentlich *nicht* unbedingt nötig? Achten Sie einmal darauf, ob Sie Ihren Kindern gegenüber bisweilen die Sprachen wechseln, ohne dass es einen konkreten Grund dafür gibt. Reflektieren Sie auch Ihr Gesprächsverhalten in Gegenwart Dritter: Empfinden Sie selbst es als unhöflich, eine Sprache mit ihren Kindern zu sprechen, die andere Anwesende nicht verstehen? Oder folgen Sie dem – tatsächlich ausgeübten oder subjektiv empfundenen – Druck Ihres Umfeldes? Die Bewältigung der Gratwanderung zwischen Höflichkeit und Konsequenz erfordert also eine Reihe bewusster Entscheidungen, die z.B. wie folgt aussehen können:

☺ Eine deutsche Mutter in Thessaloniki:

„Ich spreche mit meiner Tochter weiter deutsch, auch wenn Erwachsene dabei sind, die nichts verstehen, das ist mir egal. Wenn es Kinder sind, spreche ich griechisch, denn für Kinder ist das nicht so schön, wenn sie nichts verstehen."

Hier wird unterschieden zwischen *Kindern* – sie werden verunsichert, wenn eine Sprache gesprochen wird, die sie nicht verstehen – und *Erwachsenen* – diese sollten damit umgehen können! Nun, es ist zu hoffen, dass das Umfeld dieser Mutter tatsächlich entsprechend verständnisvoll und tolerant ist. Wenn Sie glauben, dass dies bei Ihnen nicht der Fall ist, überlegen Sie, welche Möglichkeiten es gibt, die betreffenden Personen einmal direkt anzusprechen! Vielleicht zeigt sich dann, dass es sie gar nicht so sehr stört, wie Sie angenommen haben.

Werben Sie in Ihrem sozialen Umfeld um Verständnis. Personen, die bisher keine Erfahrung mit Zweisprachigkeit gemacht haben, bekommen durch den Kontakt mit Ihnen und Ihrem Kind die Gelegenheit dazu. So können sie sich ein realistischeres Bild von Zweisprachigkeit machen und eventuell vorhandene Vorurteile abbauen. Sprechen Sie daher mit ihren Freunden, Verwandten, Bekannten und Nachbarn über die Bedeutung, die Ihre Muttersprache und die Zweisprachigkeit Ihres Kindes für Sie hat. Berichten Sie offen sowohl über schöne als auch über schwierige Seiten der zweisprachigen Erziehung. Formulieren Sie den Wunsch, auch in ihrer Gegenwart mit den Kindern Ihre eigene Muttersprache sprechen zu können, ohne dass gleich jemand denkt, Sie wollten ihn bewusst ausschließen. Sie sind nicht passiv in Ihr soziales Umfeld eingebettet, sondern können es entsprechend ihrer Bedürfnisse und ihrer Persönlichkeit aktiv gestalten – zumindest in dem Maße, in dem sich dieses als flexibel erweist. Ist das nicht der Fall, hilft wohl nur noch persönliche Stärke:

☺ Eine deutsche Mutter in Athen:

Mit Bezug auf die in der Nachbarschaft wohnende griechische Verwandtschaft, bestehend aus der Schwiegermutter und ihrer Mutter sowie zwei unverheirateten Großtanten, die durchgängig negativ eingestellt waren: „Die ganze Familie meines Mannes meinte, zwei Sprachen seien zu viel, ich sollte mit dem Kind nicht von Anfang an deutsch sprechen. Es war mir aber egal. Sie werden am Ende des Interviews begreifen, dass ich eine Heldentat vollbracht habe, indem ich meiner Tochter vernünftige Deutschkenntnisse beigebracht habe."

Wirklich schlimm für die Betroffenen wird es, wenn sich ihr Umfeld uneinsichtig zeigt, sie selbst es aber nicht schaffen, dagegen anzugehen und nach ihren eigenen Bedürfnissen zu handeln. Dazu noch einmal die unglückliche Mutter, die bereits in Kapitel 1.4 zitiert wurde:

☺ Eine deutsche Mutter in Thessaloniki:
„Zuerst habe ich nur deutsch mit ihm gesprochen und wenn mein Mann kam, haben wir angefangen, griechisch zu sprechen. Wenn wir deutsch sprachen, hat mein Mann ja nichts verstanden. Das war ein Durcheinander. ... Da habe ich mit dem Deutschen aufgehört und nur noch griechisch gesprochen. Am Anfang war das schwierig – ich konnte es ja kaum! Ich habe mich miserabel gefühlt, das war ja nicht das, was ich wollte, wenn ich Kinder in die Welt setze. ... Ich hätte es richtig gefunden, wenn er beide Sprachen gesprochen hätte. Aber wir haben es so gemacht – bis heute."

Bevor Sie sich in einer ähnlich verzweifelten Lage wiederfinden, versuchen Sie, *ganz gezielt den Kontakt zu Menschen zu suchen, die Sie in Ihrer zweisprachigen Erziehung unterstützen.* Ein Teil Ihrer sozialen Beziehungen sind durch ihre Rollen festgeschrieben – Ihre Verwandten oder Nachbarn können Sie sich gemeinhin nicht selbst aussuchen. Anders sieht es bei Freunden und Bekannten aus, denn diese machen *Sie selbst* erst zu Ihren Bezugspersonen. Wäre es nicht möglich, bewusst Kontakte zu Menschen aufzubauen, die ihre Kinder auch zweisprachig erziehen – vielleicht sogar in derselben Sprache wie Sie? Diese können einen positiven Einfluss auf Ihr eigenes Spracherziehungsverhalten haben, da für sie Zweisprachigkeit etwas ganz Normales ist. Vielleicht fällt es Ihnen in ihrer Gegenwart leichter, konsequent mit Ihrem Kind Ihre Muttersprache zu sprechen. Menschen, die eigene Erfahrungen mit zweisprachiger Erziehung haben, sind oft auch kompetente Ratgeber. Sie kennen die schönen und schwierigen Seiten zweisprachiger Erziehung. Der Austausch mit ihnen kann überaus bereichernd, hilfreich und – wenn nötig – auch tröstlich sein.

Schauen Sie, ob sich in Ihrer Nähe ein *zweisprachiger Kindergarten* befindet. Hier ergeben sich Kontakte zu anderen zweisprachig erziehenden Eltern ganz von selbst, zudem bekommen Sie (zumeist) eine fachkompetente Beratung und es werden *beide* Sprachen Ihres Kindes gefördert. Leider gibt es in Deutschland nur wenige derartiger Einrichtungen. Besonders, wenn die Sprachkombination *nicht* Deutsch-Englisch oder Deutsch-Französisch ist, sondern z.B. Deutsch-Türkisch oder Deutsch-Polnisch werden Sie zumeist vergeblich nach einem zweisprachigen Kindergarten suchen. Was tun? Je nachdem, wie viel Energie Sie aufbringen können: Kämpfen Sie für die Einrichtung zweisprachiger Kindergärten, z.B. durch das Engagement in einer Elterninitiative. Oder versuchen Sie, ihre Nichtexistenz durch eine deutsch-türkische / deutsch-polnische Kindergruppe ein wenig auszugleichen.

Wenn Sie nur einsprachig ausgerichtete Kindergärten zur Verfügung haben, dann fragen Sie dort vor Anmeldung Ihres Kindes konkret nach: Welchen Stellenwert haben die nichtdeutschen Sprachen der Kinder? In welcher Form werden sie in den Kindergarten-Alltag integriert? Nimmt die Einrichtung vielleicht an einem Programm zur Förderung der Zweisprachigkeit teil? Ein solches ist z.B. das *Rucksack-Projekt*, in dem Eltern gezielt bei der Vermittlung ihrer eigenen Muttersprache unterstützt werden.[62] Was wird speziell für die Förderung der deutschen Sprache getan? Wählen Sie den Kindergarten so, dass er Ihren Bedürfnissen nach Unterstützung in der zweisprachigen Erziehung am nächsten kommt. Vielleicht wählen Sie auch ganz bewusst den deutschsprachigen Kindergarten, weil in Ihrer Familie kein Deutsch gesprochen wird.

Der Besuch eines einsprachigen Kindergartens ist einer von mehreren Faktoren, die dazu führen können, dass ein Kind den Gebrauch einer Sprache beginnt zu verweigern, obwohl es diese eigentlich sprechen *kann* (siehe Kapitel 2.3). Dieses Verhalten ist weit verbreitet und durchaus nachvollziehbar. Insbesondere dann, wenn im Umfeld Ihres Kindes die Nichtumgebungssprache kaum gesprochen wird, wird es sich fragen: Welchen Sinn macht es überhaupt, diese Sprache zu sprechen? Wenn Ihr Kind häufig mitbekommt, wie sein *nichtumgebungssprachiger* Elternteil – möglicherweise gar mit dem Kind selbst – die *Umgebungssprache* spricht, dann verstärkt sich diese Skepsis. Umgekehrt ist kindliche Sprachverweigerung eine der häufigsten Ursachen dafür, dass Eltern inkonsequent werden. *Überlegen Sie sich frühzeitig eine Strategie, wie Sie mit den Verweigerungen Ihres Kindes umgehen können und möchten*, und versuchen Sie, diese zumindest in den ersten Lebensjahren Ihres Kindes beizubehalten. Auch hier gilt, dass Sie herausfinden müssen, was für Sie und Ihre individuellen Umstände am besten passt. Von Vorteil für die zweisprachige Entwicklung des Kindes – und für Sie als Eltern, wenn Sie diese wünschen – ist es, wenn Sie möglichst konsequent bleiben. Sprechen Sie weiterhin Ihre Sprache mit Ihrem Kind, auch, wenn Ihr Kind seinerseits die andere Sprache mit Ihnen spricht:

> ☺ Eine griechische Mutter in München:
> „Es gab Zeiten, in denen er nur Deutsch sprechen wollte. Ich habe aber trotzdem weiter Griechisch gesprochen.“

Erklären Sie Ihrem Kind, dass dies Ihre Sprache ist, und Sie nur diese Sprache mit ihm sprechen können oder möchten:

☺ Eine griechische Mutter in München:

„Ich sagte zu ihr: ‚Θέλεις ψωμί (*Möchtest Du Brot)?*‘
Sie sagte: ‚Das heißt Brot!‘.
Drauf ich: ‚Αλλά εγώ λέω ψωμί (*Aber ich sage: psomi*)!‘“

☺ Eine deutsche Mutter in Athen:

„Als er in den Kindergarten kam, fing es an, dass er auf Griechisch geantwortet hat. Ich habe konsequent weiter deutsch gesprochen, und ich habe ihm erklärt, dass ich auf Griechisch mit ihm nicht so gut sprechen kann.“

Setzen Sie sich und Ihr Kind jedoch nicht zu sehr unter Druck! Der Wechsel zwischen den Sprachen und der bewusste Einsatz *beider* Sprachen jeweils dort, wo Sie diese am geeignetsten empfinden, ist ja gerade Ausdruck lebendiger Zweisprachigkeit. Sie werden Ihr Kind in seiner zweisprachigen Entwicklung motivieren, wenn Sie ihm Zweisprachigkeit als etwas Lebendiges, Natürliches und Positives vorleben. Gehen Sie hingegen sehr verkrampft mit den Sprachen um, kann dies bei Ihrem Kind auch Widerstände hervorrufen. Dieser Hinweis soll abschließend zeigen: In der zweisprachigen Erziehung geht es letztendlich darum, abzuwägen zwischen einem lebendig-natürlichen und alltagstauglichen Umgang mit beiden Sprachen einerseits und der konsequenten Verwendung Ihrer Muttersprache andererseits. Manche von Ihnen werden diese beiden Pole gar nicht als gegensätzlich empfinden, für andere liegen feine Nuancen dazwischen, für wieder andere sind sie fast unvereinbar. Genau deshalb kann es kein Patentrezept für konsequente oder inkonsequente zweisprachige Erziehung geben. Es liegt vielmehr an Ihnen selbst, diese entsprechend Ihrer Persönlichkeit und Ihrer Rahmenbedingungen *eigenaktiv und bewusst* zu gestalten.

Tipps zur bewussten Gestaltung der zweisprachigen Erziehung

Die Umsetzung des Prinzips *jeder Elternteil spricht mit dem Kind seine Muttersprache* kann eine Reihe von Schwierigkeiten mit sich bringen. Viele Eltern denken rückblickend, dass sie es hätten besser machen sollen. Diese Unzufriedenheit ist oft darin begründet, dass Eltern *ungewollt* inkonsequent werden. Auf diesem Hintergrund erscheint es wichtig, dass Sie die zweisprachige Erziehung eigenaktiv gestalten, indem Sie *frühzeitig bewusste Entscheidungen fällen*:

- ▷ Entscheiden Sie, *welche Sprache Sie am liebsten mit Ihrem Kind sprechen können und möchten.* Es wird diejenige Sprache sein, der Sie sich am tiefsten verbunden fühlen und die Sie am besten beherrschen – vermutlich Ihre eigene Muttersprache.

- ▷ Formulieren Sie *Ihre Erwartungen an die zweisprachige Entwicklung Ihres Kindes*: Möchten Sie, dass es sich beide Sprachen möglichst gut aneignet, oder würde es Ihnen reichen, wenn es sich in einer der Sprachen nur Grundlagen aneignet?

- ▷ *Stellen Sie Ihre Erwartungen auf eine realistische Basis*: Selten erwerben Menschen zwei Sprachen perfekt. Der Erwerb einer Nichtumgebungssprache kann mitunter ein anstrengender Prozess sein, in dem der Elternteil, der diese Sprache vertritt, eine zentrale Rolle spielt – die Erfüllung Ihrer Erwartungen hängt in hohem Maße von ihm ab. Aber auch andere Faktoren, wie das weitere Umfeld oder der Kindergarten, können die zweisprachige Entwicklung Ihres Kindes beeinflussen.

- ▷ Überlegen Sie, wie *wichtig Ihnen ganz persönlich Konsequenz in der zweisprachigen Erziehung ist.* Wägen Sie ab zwischen der konsequenten Verwendung Ihrer Muttersprache einerseits und einem lebendig-natürlichen / alltagstauglichen Umgang mit beiden Sprachen andererseits.

- *Analysieren Sie die Situationen, in denen Sie inkonsequent werden.* Wann empfinden Sie es als gut und richtig, von Ihrer eigentlichen Sprachwahl abzuweichen? In welchen Situationen ist der Sprachwechsel eigentlich *nicht* unbedingt nötig?

- *Werben Sie in Ihrem sozialen Umfeld um Verständnis.* Sprechen Sie mit ihren Freunden, Verwandten, Nachbarn über die Bedeutung, die Ihre Muttersprache und die Zweisprachigkeit Ihres Kindes für Sie hat. Formulieren Sie den Wunsch, auch in ihrer Gegenwart ohne schlechtes Gewissen mit Ihrem Kind diese Sprache sprechen zu können.

- Sprechen Sie eine Nichtumgebungssprache und Ihr/e Partner/in die Umgebungssprache? *Bitten Sie ihn / sie, zumindest Grundkenntnisse in Ihrer Sprache zu erwerben.*

- Suchen Sie gezielt den *Kontakt zu Menschen, die selbst zweisprachig sind oder ihre Kinder zweisprachig erziehen.* Für sie ist Zweisprachigkeit etwas ganz Normales und der Austausch mit ihnen kann bereichernd und hilfreich sein.

- *Schauen Sie, ob sich in Ihrer Nähe ein zweisprachiger Kindergarten befindet*, in dem beide Sprachen Ihres Kindes gefördert werden. Rufen Sie alternativ eine Spielgruppe mit Müttern und Kindern der gleichen Sprachkombination ins Leben.

- Wenn Sie nur einsprachig ausgerichtete Kindergärten zur Verfügung haben, dann *fragen Sie vor Anmeldung Ihres Kindes gezielt nach, wie dort mit Zweisprachigkeit umgegangen wird.*

- Überlegen Sie sich frühzeitig *eine Strategie, wie Sie mit den Verweigerungen Ihres Kindes umgehen können und möchten,* und versuchen Sie, diese zumindest in den ersten Lebensjahren Ihres Kindes beizubehalten.

Zum Schluss
möchte ich Ihnen alles Gute
für die zweisprachige Erziehung wünschen,

vor allem aber viel Freude
an einem Leben in und mit zwei Sprachen!

Dr. Anja Leist-Villis
Bonn, im Mai 2008

4 Literatur

Im Folgenden finden Sie Literatur, auf die in diesem Buch Bezug genommen wurde, und darüber hinaus Empfehlungen zum Weiterlesen. Die Angaben sind unterteilt in die Themenbereiche *Spracherwerb und Sprachförderung* sowie *Zweisprachigkeit*.

Literatur zu Spracherwerb und Sprachförderung

Bruner, Jerome (1997). Wie das Kind sprechen lernt. Bern.

de Saint-Exupéry, Antoine (1942). Brief in der *Times*, Ausgabe vom 29. November 1942.

Grimm, Hannelore (1987^2). Sprachentwicklung: Voraussetzung, Phasen und theoretische Implikationen, in: Rolf Oerter und Leo Montada (Hg.), Entwicklungspsychologie, Ein Lehrbuch, Weinheim, 578-636.

Hochfeld, Karsten (1987). Aspekte des Verstehens in der Kommunikation von Kindern im Vorschulalter. Frankfurt a. M.

Klann-Delius, Gisela (1999). Spracherwerb. Stuttgart.

Kuhl, Patricia (2005). Early Speech Perception and Later Language Development: Implications for the "Critical Period", in: Language Learning and Development, 3&4, 237-264.

Lyons, John (1992^4). Einführung in die moderne Linguistik. München.

Piaget, Jean und Bärbel Inhelder (1986). Die Psychologie des Kindes. München.

Pinker, Steven (1996). Der Sprachinstinkt. Wie der Geist die Sprache bildet. München.

Szagun, Gisela (1993^5). Sprachentwicklung beim Kind. Weinheim.

Szagun, Gisela (2006). Sprachentwicklung beim Kind. Vollständig überarbeitete Neuausgabe. Weinheim.

Weikum, Whitney M., Athena Vouloumanos, Jordi Navarra, Salvador Soto-Faraco, Núria Sebastián-Gallés und Janet F. Werker (2006). Visual Language Discrimination in Infancy, in: Science, 316, S. 1159.

Besonders zum Weiterlesen für Eltern empfohlen:

Ayres, Jean (1987). Bausteine der kindlichen Entwicklung. Die Bedeutung der Integration der Sinne für die Entwicklung des Kindes. Berlin.

Gopnik, Alison, Andrew Meltzoff und Patricia Kuhl (2007[6]). Forschergeist in Windeln. München.

Grimm, Hannelore und Sabine Weinert (2002). Sprachentwicklung, in: Rolf Oerter und Leo Montada (Hg.), Entwicklungspsychologie, 5. vollständig überarbeitete Auflage, Weinheim, 517-550.

Leist-Villis, Anja (2004, regelmäßige Aktualisierung): Spracherwerb und Sprachförderung im Elementarbereich. www.sprachfoerderung.info.

Szagun, Gisela (2007). Das Wunder des Spracherwerbs. So lernt Ihr Kind sprechen. Weinheim.

Tracy, Rosemarie (2007). Wie Kinder Sprachen lernen und wie wir sie dabei unterstützen können. Tübingen.

Literatur zu Zweisprachigkeit

Aleemi, Janet (1991). Zur sozialen und psychischen Situation von Bilingualen: Persönlichkeitsentwicklung und Identitätsbildung. Frankfurt a. M.

Arnberg, Leonore (1987). Raising children bilingually: The pre-school years. Clevedon.

Ben-Zeev, Sandra (1977). The influence of bilingualism on cognitive strategy and cognitive development, in: Child Development, 48, 1009-1018.

Bialystok, Ellen (1986). Factors in the Growth of Linguistic Awareness, in: Child Development, 57, 498-510.

Deutsches Institut für Internationale Pädagogische Forschung (2006). Unterricht und Kompetenzerwerb in Deutsch und Englisch. Frankfurt a. M.

Fthenakis, Wassilios (1985). Bilingual-bikulturelle Entwicklung des Kindes: Ein Handbuch für Psychologen, Pädagogen und Linguisten. München.

Genesee, Fred, Isabelle Boivin und Elena Nicoladis (1996). Talking with strangers: A study of bilingual children's communicative competence, in: Applied Psycholinguistics, 17, 427-442.

Genesee, Fred, Richard Tucker und Wallace Lambert (1975). Communication skills of Bilingual Children, in: Child Development, 46, 1010-1014.

Goetz, Peggy (2003). The Effects of Bilingualism on Theory of Mind Development, in: Bilingualism: Language and Cognition, 6, 1-15.

Grosjean, François (1985). The bilingual as a competent but specific speaker-hearer, in: Journal of Multilingual and Multicultural Development, 6, 467-477.

Ianco-Worrall, Anita (1972). Bilingualism and cognitive Development, in: Child development, 43, 1390-1400.

Kessler, Carolyn und Mary Quinn (1987). Language Minority Children's linguistic and cognitive creativity, in: Journal of Multilingual and Multicultural Development, 8, 173-186.

Lambeck, Klaus (1984). Kritische Anmerkungen zur Bilingualismusforschung. Tübingen.

Lambert, Wallace (1977). The Effects of Bilingualism on the Individual: Cognitive and sociocultural Consequences, in: Peter Hornby (Hg.), Bilingualism. Psychological, social and educational implications, London, 15-27.

Leist, Anja (1996). Griechisch-deutsche Zweisprachigkeit und nonverbale Kommunikation. Eine Untersuchung zu Gestik und Mimik bei Vorschulkindern. Frankfurt a. M.

Leist, Anja (1999). Wir haben gemacht γλυκά – Kinder auf dem Weg zur Zweisprachigkeit, in: Hidir Çelik (Hg.), Mehrsprachigkeit: Aspekte und Standpunkte, Bonn, 58-85.

Leist-Villis, Anja (2004). Zweisprachigkeit im Kontext sozialer Netzwerke. Unterstützende Rahmenbedingungen zweisprachiger Entwicklung und Erziehung am Beispiel griechisch-deutsch. Münster.

Leopold, Werner (1939 / 1947 / 1949a / 1949b). Speech development of an bilingual child. A linguist's record. Vol.1-Vol. 4. New York.

List, Gudula (2007). Förderung von Mehrsprachigkeit in der Kita (Herausgegeben vom Deutschen Jugendinstitut). München.

Mahlstedt, Susanne (1996). Zweisprachigkeitserziehung in gemischtsprachigen Familien. Eine Analyse der erfolgsbedingenden Merkmale. Frankfurt a. M.

RAA (2008). Rucksack und Griffbereit. Abrufbar unter www.rucksack-griffbereit.raa.de. (März 2008).

Reich, Hans H. und Hans-Joachim Roth (2002). Spracherwerb zweisprachig aufwachsender Kinder und Jugendlicher. Überblick über den Stand der nationalen und internationalen Forschung (Herausgegeben von der Stadt Hamburg). Hamburg.

Ronjat, Jules (1913). Enfant bilingue. Paris.

Saunders, George (1988). Bilingual children: From birth to teens. Clevedon.

Statistisches Bundesamt (2007). Daten zu unterschiedlichen Themen abrufbar unter www.destatis.de

Taeschner, Traute (1983). The sun is feminine. A study on language acquisition in bilingual children.

Vihman, Marilyn May (1996). Phonological development: the origins of language in the child. Cornwall.

Besonders zum Weiterlesen für Eltern empfohlen:

Baker, Colin (2007). Zweisprachigkeit zu Hause und in der Schule. Ein Handbuch für Erziehende. Engelschoff (auch in türkischer Sprache erschienen).

Baker, Colin und Sylvia Prys Jones (1998). Encyclopedia of Bilingualism and Bilingual Education. Clevedon.

Edition Bilibri: Mehrsprachige Kinderbücher (deutsch-französich, -spanisch, -englisch, -türkisch, -griechisch, -italienisch). www.edition-bilibri.de

Heuchert, Lucija (1989). Zweisprachigkeit. Materialien zur interkulturellen Erziehung im Kindergarten, Robert-Bosch-Stiftung (Hg.), Band 3. Berlin.

Kielhöfer, Bernd und Sylvie Jonekeit (2002[11]). Zweisprachige Kindererziehung. Tübingen.

Leist-Villis, Anja (2004, regelmäßige Aktualisierung): Informationen und Forum zur frühkindlichen Zweisprachigkeit (z.T. auch in griechischer Sprache). www.zweisprachigkeit.net.

Montanari, Elke (2002). Mit zwei Sprachen groß werden. Mehrsprachige Erziehung in Familie, Kindergarten und Grundschule. München.

Montanari, Elke: Informationen und Beratung zu Mehrsprachigkeit (z.T. in verschiedenen Sprachen). www.mehrprachig.info.

Triarchi-Herrmann, Vassilia (2003). Mehrsprachige Erziehung. Wie Sie Ihr Kind fördern. München.

Verein für frühe Mehrsprachigkeit an Kindertageseinrichtungen und Schulen e.V. www.fmks-online.de.

Endnoten

Im Folgenden finden Sie die Hinweise zu den Endnoten im Text. Die vollständigen Angaben sind in Kapitel 4 (Literatur) aufgeführt.

1 Statistisches Bundesamt (2007)
2 Leist, Anja (1996; 1999)
3 Leist-Villis, Anja (2004)
4 zitiert nach Lyons, John (1992[4], S. 13)
5 de Saint-Exupéry, Antoine (1942)
6 Pinker, Steven (1996, S. 97)
7 Grimm, Hannelore (1987, S. 611)
8 Hochfeld, Karsten (1987)
9 Kielhöfer, Bernd und Sylvie Jonekeit (2002[11]); Tracy, Rosemarie (2007)
10 Zum Selbstverständnis Zweisprachiger siehe Aleemi, Janet (1991)
11 Tracy, Rosemarie (2007)
12 Grosjean, François (1985)
13 Leist-Villis, Anja (2004)
14 Fthenakis, Wassilios (1985)
15 Saunders, Georg (1988)
16 Zu Zweisprachigkeit und Sprachentwicklungsstörungen siehe Triarchi-Herrmann, Vassilia (2003)
17 Deutsches Institut für Internationale Pädagogische Forschung (2006)
18 Zu Entwicklungen in der Zweisprachigkeitsforschung siehe Lambeck, Klaus (1984); List, Gudula (2007)
19 Ianco-Worrall, Anita (1972)
20 Ben-Zeev, Sandra (1977)
21 Bialystok, Ellen (1986)
22 Ianco-Worrall, Anita (1972)
23 Ben-Zeev, Sandra (1977), Kessler, Carolyn und Mary Quinn (1987), Lambert, Wallace (1977)
24 Goetz, Peggy (2003)
25 Genesee, Fred, Richard Tucker und Wallace Lambert (1975)
26 zusammenfassend Baker, Colin (1998); Ben-Zeev, Sandra (1977)
27 Genesee, Fred, Isabelle Boivin und Elena Nicoladis (1996)
28 Leist, Anja (1996)
29 Szagun, Gisela (1993[5], S. 43)
30 eigene Beobachtung
31 Grimm, Hannelore und Sabine Weinert (2002)
32 zusammenfassend Vihman, Marilyn May (1996)
33 Kuhl, Patricia (2005)

34 Weikum, Whitney M., Athena Vouloumanos, Jordi Navarra, Salvador Soto-Faraco, Núria Sebastián-Gallés und Janet F. Werker (2006).

35 Bruner, Jerome (1997); Szagun, Gisela (2006)

36 Szagun, Gisela (1993[5], S. 90)

37 eigene Beobachtung

38 Piaget, Jean und Bärbel Inhelder (1986)

39 Bruner, Jerome (1997, S. 46ff.), Beispiel gekürzt und leicht verändert

40 Goetz, Peggy (2003)

41 Ayres, Jean (1984)

42 Leist, Anja (1996, 1999)

43 Leist-Villis, Anja (2004)

44 Kielhöfer, Bernd und Sylvie Jonekeit (2002[11]); Saunders, George (1988); Genesee, Fred, Isabelle Boivin und Elena Nicoladis (1996)

45 eigene Beobachtung

46 weitere Beispiele in Tracy, Rosemarie (2007)

47 Genesee, Fred, Isabelle Boivin und Elena Nicoladis (1996)

48 Arnberg, Leonore (1987); Taeschner, Traute (1983)

49 Tracy, Rosemarie (2007)

50 Leist-Villis, Anja (2004)

51 Kielhöfer, Bernd und Sylvie Jonekeit (2002[11])

52 Klann-Delius, Gisela (1999)

53 Leist-Villis, Anja (2004)

54 Arnberg, Leonore (1987); Kielhöfer, Bernd und Sylvie Jonekeit (2002[11]); Montanari, Elke (2002); Taeschner, Traute (1983)

55 Tracy, Rosemarie (2007), Triarchi-Herrmann, Vassilia (2003)

56 mehr zu Sprachverweigerung und Kindergarten in Montanari, Elke (2002)

57 zum Einfluss des Sprachprestiges siehe Mahlstedt, Susanne (1996)

58 Erste Publikationen zur Methode *eine Person – eine Sprache* sind die Langzeitstudien von Ronjat, Jules (1913) zur deutsch-französischen Entwicklung und Leopold, Werner (1939 - 1949) zur englisch-deutschen. Neuere und detaillierte Studien sind die von Kielhöfer, Bernd und Sylvie Jonekeit (2002[11]) über die deutsch-französische Zweisprachigkeit; Saunders, George (1988) über die englisch-deutsche; Taeschner, Traute (1983) über die englisch-italienische. Untersuchungen, die viele Familien einbeziehen sind z.B.: Leist-Villis, Anja (2004) über 100 griechisch-deutsche Familien und Mahlstedt, Susanne (1996) über 32 Familien unterschiedlicher Sprachkombinationen.

59 Zu der Methode *Familiensprache – Umgebungssprache* siehe z.B. Fthenakis, Wassilios (1985); Heuchert, Lucija (1989); Mahlstedt, Susanne (1996); Reich, Hans H. und Hans-Joachim Roth (2002).

60 Leist-Villis, Anja (2004)

61 Mahlstedt, Susanne (1996)

62 RAA (2008)